Duden

Einfach klasse in

Deutsch

Wissen • Üben • Können

2., aktualisierte Auflage

4. Klasse

Dudenverlag
Mannheim • Zürich

Quellenverzeichnis

Der Kinderduden, Bibliographisches Institut GmbH, Mannheim: S. 85, 87 (Stadtplan)

Die Rechtschreibung in diesem Buch folgt im Falle von Schreibvarianten den Empfehlungen von Duden – Die deutsche Rechtschreibung (25. Auflage).

Beratungsangebot für Eltern und Lehrer (kostenpflichtig):
Die **Duden-Sprachberatung** beantwortet Fragen zu Rechtschreibung, Grammatik, Zeichensetzung u. Ä.
montags bis freitags zwischen 08:00 und 18:00 Uhr.
Aus Deutschland: **09001 870098** (1,86 € pro Minute aus dem Festnetz)
Aus Österreich: **0900 844144** (1,80 € pro Minute aus dem Festnetz)
Aus der Schweiz: **0900 383360** (3,13 CHF pro Minute aus dem Festnetz)
Die Tarife für Anrufe aus den Mobilfunknetzen können davon abweichen.

Bibliografische Information der Deutschen Nationalbibliothek
Die Deutsche Nationalbibliothek verzeichnet diese Publikation in der Deutschen Nationalbibliografie; detaillierte bibliografische Daten sind im Internet über http://dnb.d-nb.de abrufbar.

Das Wort **Duden** ist für den Verlag Bibliographisches Institut GmbH als Marke geschützt.

Alle Rechte vorbehalten.
Nachdruck, auch auszugsweise, vorbehaltlich der Rechte, die sich aus den Schranken des UrhG ergeben, nicht gestattet.

© Duden 2011
D C B A
Bibliographisches Institut GmbH
Dudenstraße 6, 68167 Mannheim

Redaktionelle Leitung: Grischa Zimmermann
Redaktion: Salomé Dick
Autorinnen: Ulrike Holzwarth-Raether, Angelika Neidthardt, Annette Raether und Anne Rendtorff-Roßnagel

Herstellerische Leitung: Ursula Fürst
Layout: Petra Bachmann, Weinheim
Illustration: Barbara Scholz und Tom Breitenfeldt
Umschlaggestaltung: Wohlgemuth Partners, Hamburg
Satz und Herstellung: Petra Bachmann, Weinheim
Druck und Bindung: Heenemann GmbH & Co. KG
Bessemerstraße 83–91, 12103 Berlin

Printed in Germany
ISBN 978-3-411-72682-0

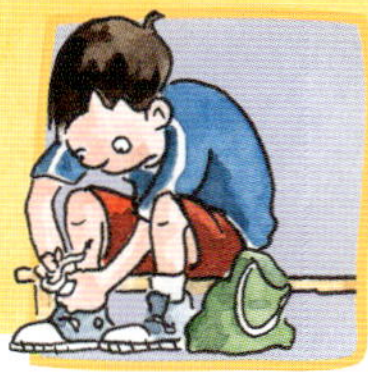

In diesem Buch findest du die wichtigsten Inhalte des Deutschunterrichts in der 4. Klasse. Es ist in vier große Kapitel aufgeteilt. Du erkennst sie an den kleinen Bildern in der Kopfzeile:

 Sprache untersuchen

 Richtig schreiben

 Texte schreiben

 Lesen

Die Kinder auf diesen kleinen Bildern begleiten dich durch den ganzen Band. Sie zeigen dir, dass es beim Lernen nicht viel anders zugeht als im Sport. Wer eine Sportart richtig gut beherrschen will, muss die wichtigsten Techniken und Spielregeln kennen, üben und trainieren. Schnell wirst du merken, dass du Fortschritte machst und dir immer mehr gelingt. Darauf kannst du dann sehr stolz sein.

Wissen
Üben
Können

Wenn du alle **Übungsaufgaben** einer Doppelseite gelöst und mit dem **Lösungsheft** überprüft hast, kannst du das **Daumenkino**-Bild am rechten Seitenrand ausmalen. So behältst du immer den Überblick darüber, welche Seiten du schon bearbeitet hast.

Beim Training unterstützen dich das **Lernwerkzeug** auf der hinteren Ausklappseite und die Liste der wichtigsten **Fachbegriffe**, die du im Anhang findest.

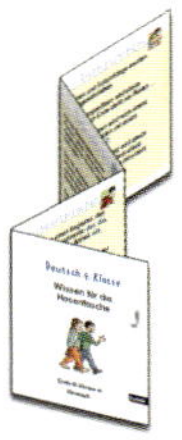

Außerdem findest du das wichtigste Regelwissen zum Wiederholen und schnellen Nachlesen noch einmal als **Leporello** für die Hosentasche.

Inhaltsverzeichnis

Inhaltsverzeichnis

Texte schreiben

Lesen

Arbeitstipps

Der Arbeitsplatz

- Suche dir einen ruhigen Arbeitsplatz.
- Achte auf gutes Licht und frische Luft.
- Stelle dir etwas zu trinken bereit.
- Sorge für einen aufgeräumten Arbeitsplatz.
- Lege deine Arbeitsmaterialien bereit.

Die Arbeitsweise

- Finde deine beste Übungszeit heraus.
- Übe regelmäßig.
- Suche dir aus, was du üben willst.
- Teile dir den Übungsstoff gut ein: nicht zu viel und nicht zu wenig.
- Gehe gut gelaunt ans Üben.
- Arbeite konzentriert.
- Vergiss die Pausen nicht.
- Überprüfe deine Ergebnisse.
- Freue dich über deinen Erfolg.
- Zeige anderen, was du geleistet hast.

Übungstipps

Sprache untersuchen

- Ein Merkheft für Fachbegriffe anlegen
- Spiele zu Wortarten erfinden (Bingo, Lotto, Quartett)
- Wörter sammeln und nach Wortarten ordnen
- Steckbriefe zu Wortarten schreiben
- Schreibspiele zu Satzgliedern erfinden:
  Wer? Tut was? Wo? Wie? Wann?
- Merksätze reimen: **keit**, **heit** und **ung**
  bringen die Nomen in Schwung.

Richtig schreiben

- Silbenrätsel herstellen
- Zeichen für Rechtschreibstrategien erfinden (verlängern, Grundform bilden, Wortfamilie suchen, Großschreibung)
- ein Merkwörterheft anlegen
- eine Fehlerkartei oder ein Fehlerheft anlegen
- Nachschlagspiele erfinden

Texte schreiben

- Nachrichten auf Zettel schreiben
- Wunsch- und Einkaufsliste schreiben
- Briefe, Postkarten und E-Mails schreiben
- ein Tagebuch führen
- ein Geschichtenheft anlegen
- an Schreibwettbewerben teilnehmen
- Artikel an die Kinderseite der Zeitung schreiben
- treffende Wörter nachschlagen

Lesen

- feste Lese- und Vorlesezeiten einrichten
- alles Mögliche lesen: Zeichen, Schaubilder, Karten, Fahrpläne, Gebrauchsanweisungen, Zeitungen, Zeitschriften ...
- einen Leseausweis besorgen und Bücher ausleihen
- sich in einer Buchhandlung beraten lassen
- Steckbriefe zu Büchern schreiben
- an Lesewettbewerben teilnehmen
- ein Lesetagebuch führen

Nomen erkennen

Wissen und Verstehen

Es gibt verschiedene Möglichkeiten, Nomen zu erkennen. Die meisten Nomen können mit einem Artikel verbunden werden und können im Singular (Einzahl) und im Plural (Mehrzahl) stehen. Einige Nomen enden mit den Wortbausteinen **heit**, **keit**, **ung**, **nis**, **tum**, **ling**, **schaft**.

ein Hut – **die** Hüte   das Wachs**tum**   der Früh**ling**   die Wirt**schaft**

Üben

Kreuze die passenden Merkmale an.

Nomen	Merkmale		
	kann mit einem Artikel stehen	**kann im Singular und Plural stehen**	**Wortbaustein** heit, keit, ung, nis, tum, ling, schaft
Sonne	X	X	
Aufregung			
Eltern			
Hindernis			
Landschaft			
Freiheit			
Zwilling			
Gans			
Obst			
Ewigkeit			
Gemüse			
Irrtum			
Ärger			

Wissen und Verstehen

Neben dem bestimmten und unbestimmten Artikel weisen auch andere Wörter auf Nomen hin. Es sind Wörter wie **dieser**, **wenig**, **viel**, **alle**, **kein**, **einige**, **dein**.

wenige Monate   viel Zeit   alle Kinder   meine Katze

In einem Satz können Nomen auch ohne Begleiter vorkommen.

Ich esse gern Obst.

Üben 1

Welche Wörter weisen auf ein Nomen hin? Verbinde mit dem Nomen.

die allerneuesten Nachrichten	meine beste Freundin
alle spannenden Bücher	keine große Angst
wenig Interesse	einige berühmte alte Gebäude
viele verrückte Ideen	alle neugeborenen Tiere des Zoos

Üben 2

An welchen Wörtern erkennst du Nomen? Verbinde sie mit dem Nomen. Kreise die Nomen ein, die ohne Begleiter stehen.

Der Aufstieg auf den Hausberg

Seit Jahren fährt Sina mit ihrem Papa in die Berge. Dieses Jahr nimmt er sie endlich auf eine erste lange Wanderung mit. Sie packen Trinkflaschen, Müsliriegel und frisches Obst ein. Auf den Berg gehts mit der neu eröffneten Bergbahn. „Das macht viel Spaß und schont deine kleinen Beine", sagt Papa. Das soll eine Wanderung sein? Sina ahnt nicht, dass sie alle Kräfte für den Rückweg brauchen wird. Denn ein steil abfallender, rutschiger Abstieg strengt oft mehr an als ein Aufstieg. Das weiß Sina seit dieser Wanderung.

Das Pronomen

Wissen und Verstehen

Pronomen (Fürwörter) können Nomen vertreten.

Der Baum wächst. **Er** wächst. **Die Freude** war groß. **Sie** war groß.

Pronomen können auch anzeigen, wem etwas gehört. Sie stehen oft vor einem Nomen.

mein Freund **ihre** Ängste **unsere** Schule **euer** Garten

Üben 1

Ordne die Nomen den passenden Pronomen zu. Schreibe die Nomen mit Artikel auf.

Buch Hahn Angst Mädchen Frühling Banane Väterchen
Kummer Vergnügen Henne Tisch Gedanke Liebe Sohn Maus
Gewitter Frau Söhnchen

er	sie	es
der Hahn	....	....
....	....	....
....	....	....
....	....	....
....	....	....
....	....	....

Üben 2

Welche Pronomen gehören zusammen? Verbinde.

ich du er sie es wir ihr

sein unser sein mein ihr dein euer

Wissen und Verstehen

Nomen verändern ihre Form, je nachdem, wie du sie im Satz benutzt.
Nomen treten in vier Fällen auf. Nach den Fällen fragst du so:

1. Fall: **Die Katze** schnurrt.	Wer oder was?
2. Fall: Das Fell **der Katze** ist weich.	Wessen?
3. Fall: Ich gebe **der Katze** Futter.	Wem?
4. Fall: Ich streichele **die Katze**.	Wen oder was?

Üben

Frage nach den fett gedruckten Wörtern. In welchem Fall stehen sie? Verbinde.

1. Fall: WER?

2. Fall: WESSEN?

Vielen Kindern schmeckt Senf nicht.

Das Lieblingsessen **vieler Kinder** ist Pizza.

Ich lade **viele Kinder** zum Essen ein.

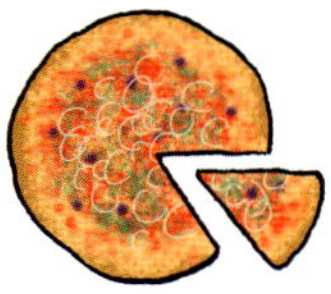

Viele Kinder essen gern.

Die Schuppen **meines Fisches** glänzen.

Ich mag **meinen Fisch**.

Ich gebe **meinem Fisch** einen Namen.

Mein Fisch ist goldgelb.

3. Fall: WEM?

4. Fall: WEN?

Mit Adjektiven vergleichen

Wissen und Verstehen

Mit Adjektiven kannst du Lebewesen, Dinge und Tätigkeiten genauer beschreiben und miteinander vergleichen.
Es gibt drei Vergleichsstufen: die Grundstufe, die 1. und die 2. Vergleichsstufe.
Gleiches wird mit dem Vergleichswort **wie** beschrieben, Unterschiedliches mit dem Vergleichswort **als** und dem Adjektiv in der 1. Vergleichsstufe.

Ich laufe **so schnell wie** du.
Er läuft **schneller als** ich.
Hassan läuft **am schnellsten**.

Üben

Vergleiche. Schreibe auf.

Die Viper ist .... die Kobra.
50 cm sind .... 1 m.
Die Alpen sind .... das Erzgebirge.
1 kg ist .... 1000 g.
Ein Rennwagen ist .... ein PKW.

Die Nacht ist .... die Dämmerung.
Die Erde ist .... der Mond.
Großeltern sind .... Eltern.
Äpfel sind .... Schokolade.
100 Cent sind .... 1 €.

Für schlaue Köpfe — Extrarunde

Rund – runder – am rundesten? Was stimmt hier nicht? Suche weitere Beispiele.
super rot leer

Wissen und Verstehen

Manche Adjektive kannst du an den Wortbausteinen **ig**, **lich**, **isch**, **bar**, **los**, **sam** erkennen.

nebl**ig** fröh**lich** neid**isch** wunder**bar** heimat**los** wach**sam**

Üben

Trage die fehlenden Wörter ein.

los	
der Rat	
	endlos
die Hilfe	
die Heimat	

sam	
lang	
	sparsam
aufmerken	
	seltsam

bar	
das Wunder	
	essbar
danken	
die Furcht	

ig	
das Gelenk	
	felsig
der Durst	
	windig

lich	
der Ärger	
der Herbst	
	menschlich
	gründlich

isch	
der Neid	
	regnerisch
das Quadrat	
	erfinderisch

Zeitstufen des Verbs

Wissen und Verstehen

Mit Verben kannst du ausdrücken, was jemand tut und was geschieht.

ich springe   es blitzt

An der Form des Verbs kannst du erkennen, in welcher Zeitstufe etwas passiert: in der Vergangenheit, der Gegenwart oder der Zukunft.

Früher **gab** es kein Telefon. Jetzt **gibt** es Handys.
Welche Telefone **wird** es in Zukunft **geben**?

Üben

In welcher Zeitstufe stehen die Sätze: Vergangenheit, Gegenwart, Zukunft?
Kreuze an.

	V	G	Z
Später werde ich Italienisch lernen.			X
Schon die Römer bauten stabile Brücken.			
Ich esse einen Apfel.			
Wir werden demnächst umziehen.			
Gestern bin ich 2,96 m weit gesprungen.			
Hoffentlich wird morgen die Sonne scheinen.			
Heutzutage gibt es raffinierte Fotoapparate.			
Bald werde ich in eine neue Schule gehen.			
Früher haben die Menschen auf offenem Feuer gekocht.			
Sie sitzt gerade am Computer.			
Damals habe ich eine komische Frisur gehabt!			
Es klingelt.			
Heute werde ich noch ein Eis essen.			
Keiner verlässt den Raum!			
Gerade habe ich mit meiner Freundin telefoniert.			

Wissen und Verstehen

Verben in der Gegenwart sagen, was jemand gerade tut oder was gerade geschieht.
Verben in der Zukunft sagen, was jemand tun wird oder was geschehen wird.

ich lese – ich werde lesen   es brennt – es wird brennen

Verben in der Vergangenheit sagen, was schon vorbei ist. Dafür gibt es zwei verschiedene Vergangenheitsformen.

ich **sauste** – ich **bin gesaust**   sie **träumte** – sie **hat geträumt**

Üben

Trage die fehlenden Vergangenheitsformen ein.
Welche Form benutzt du meistens beim Sprechen?

Gegenwart	1. Vergangenheit	2. Vergangenheit
ich spiele	ich spielte	ich habe gespielt
sie tanzt		
es stinkt		
wir lachen		
er stolpert		er ist gestolpert
es regnet		
er überlegt		
sie klatschen		
du kletterst		

Zukunftspläne

Extrarunde

Ich werde heiraten, du wirst heiraten, er wird heiraten, sie wird nicht heiraten …
Mit welchem Verb bildest du die Zeitform Zukunft?

Der Wortstamm verändert sich

Wissen und Verstehen

Bei vielen Verben verändert sich in den verschiedenen Zeitformen der Wortstamm.

gehen	ich **geh**e	ich **ging**	ich bin ge**gang**en	ich werde **geh**en
werfen	sie **wirf**t	sie **warf**	sie hat ge**worf**en	sie wird **werf**en

Üben

Markiere den Wortstamm der Verben. Achte darauf, an welcher Stelle er sich verändert. Ergänze die Grundform.

essen

Ich esse ein Brot.

Ich aß ein Brot.

Ich habe ein Brot gegessen.

Ich werde ein Brot essen.

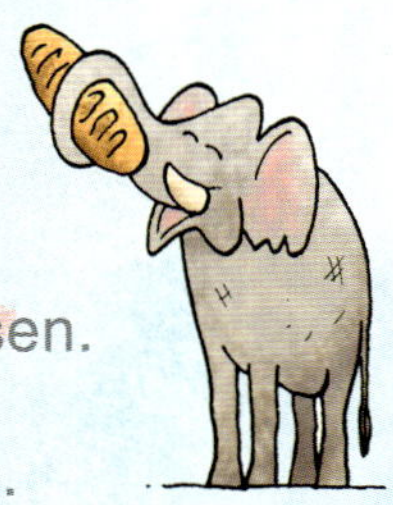

Das Auto fährt.

Das Auto fuhr.

Das Auto ist gefahren.

Das Auto wird fahren.

Ich helfe dir.

Ich half dir.

Ich habe dir geholfen.

Ich werde dir helfen.

Er schreibt eine Mail.

Er schrieb eine Mail.

Er hat eine Mail geschrieben.

Er wird eine Mail schreiben.

Wir fliegen nach Köln.

Wir flogen nach Köln.

Wir sind nach Köln geflogen.

Wir werden nach Köln fliegen.

Sie schießt ein Tor.

Sie schoss ein Tor.

Sie hat ein Tor geschossen.

Sie wird ein Tor schießen.

Kannst du diese Wortarten bestimmen?

langsam	donnern	Ereignis
Frühling	Dunkelheit	windig
Mannschaft	gründlich	furchtbar
komisch	rennen	sehen
denken	Reichtum	halten

Überlege:

- Erkenne ich die Wortart an einem der nachgestellten Wortbausteine **heit**, **keit**, **ung**, **nis**, **schaft**, **ling** oder **tum**? ⚀
- Kann ich mit diesem Wort Vergleiche bilden? ⚁
- Kann ich mit dem Wort verschiedene Zeitformen bilden? ⚂
- Kann ich ein Pronomen für das Wort einsetzen? ⚃
- Erkenne ich die Wortart an einem der nachgestellten Wortbausteine **ig**, **lich**, **isch**, **bar**, **sam** oder **los**? ⚄
- Kann ich das Wort mit **ich**, **du**, **er**, **sie**, **wir** verbinden? ⚅

Untersuche die Wörter auf der Trainingskarte und zeichne die entsprechenden Würfelaugen ein.

Schreibe die Namen der Wortarten auf.

⚀ ⚃ sind

⚁ ⚄ sind

⚂ ⚅ sind

Verhältniswörter erkennen

Wissen und Verstehen

Zu den Wortarten gehören auch Verhältniswörter (Präpositionen). Mit Wörtern wie **an**, **auf**, **im**, **in**, **hinter**, **vor**, **neben** kannst du ausdrücken, wo sich etwas befindet oder wohin du etwas stellst oder legst. Nach ihnen kannst du mit **Wo?** oder **Wohin?** fragen.

Die Milch steht **in dem** Kühlschrank. Ich stelle die Milch **in den** Kühlschrank.

Üben

Wähle verschiedene Verhältniswörter aus und trage sie ein.

an | auf | in | hinter | über | unter | vor | zwischen

Wo liegt unsere Katze?

	hinter	dem Schrank.
	....	den Kisten.
Sie liegt	....	dem Kissen.
	....	der Tasche.
	....	der Tür.
	....	der Treppe.

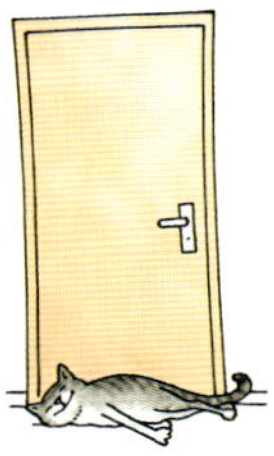

Wohin werfe ich meinen Schal?

	....	den Tisch.
	....	den Sessel.
Ich werfe ihn	....	die Stühle.
	....	die Tür.
	....	die Ecke.
	....	mein Bett.

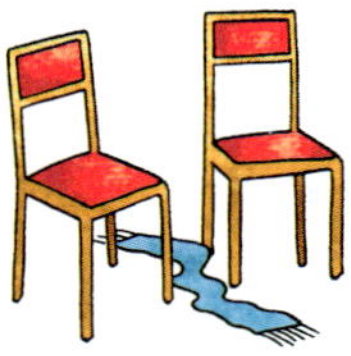

Wissen und Verstehen

Verhältniswörter können mit dem Artikel des folgenden Nomens zu einem Wort verschmelzen. In dieser Kurzform kann man beide schwer auseinanderhalten.

Ich gehe **in das** Kino. Ich gehe **ins** Kino.

Üben 1

Ersetze die Kurzform durch das Verhältniswort mit Artikel.

Sie rannte vors Auto.	Sie rannte vor das Auto.
Ins Bett mit euch!	.... das Bett mit euch!
Die Maus flitzte durchs Zimmer.	Die Maus flitzte .... Zimmer.
Treffen wir uns am Kiosk?	Treffen wir uns .... Kiosk?
Er wirft sich aufs Bett.	Er wirft sich .... Bett.
Ich sitze gemütlich im Sessel.	Ich sitze gemütlich .... Sessel.
Geh bitte zum Bäcker.	Geh bitte .... Bäcker.

Üben 2

Setze passende Verhältniswörter und Artikel ein. Wo passt die Kurzform?

Wir steigen aufs Rad und fahren .... See.

Ich lege mich .... Decke.

Kim spielt .... Sand.

Mama springt sofort .... Wasser.

Oma flüchtet .... Sonnenschirm.

Bello kriecht .... Auto

.... Schatten.

Tante Ines angelt .... Ufer.

Papa ist mit Onkel Thomas .... Fußballstadion.

Zahlwörter und Ausrufewörter

Wissen und Verstehen

Auch Zahlwörter gehören zu den Wortarten. Mit Zahlwörtern kannst du eine bestimmte Anzahl oder eine bestimmte Stelle innerhalb einer Zahlenreihe angeben. Andere Zahlwörter wie **etwas**, **einige** oder **viel** bezeichnen eine unbestimmte Menge.

sieben Äpfel   der **dritte** Platz   **einige** Tage

Üben 1

Welche Zahlwörter bezeichnen eine bestimmte Menge, welche eine unbestimmte? Kreise mit verschiedenen Farben ein.

eins   etwas   ein Viertel   nichts   vier   ein bisschen   viermal

alle   einmal   eine Million   drei   die Hälfte   einige   genug

manche   mehr   mehrere   der Vierte   wenig   dreimal

viel   der Erste   der Letzte   tausend   eine Billion

tausendmal

Üben 2

Schreibe mit Zahlwörtern auf.

7 Zwerge ....   1 000 000 € ....

die 13. Fee ....   der 1. Advent ....

12 Eier ....   26 Kinder ....

Wortart-Rätsel — Extrarunde

Auch Ausrufewörter sind eine eigene Wortart. Wo werden sie häufig verwendet?

autsch   igitt   nanu   schnief   peng   brüll   blub   zack   wow

Kannst du besondere Wortarten erkennen?

Ich hab dir das schon hundertmal gesagt!

Autsch, tut das weh!

Brr, ist das kalt!

Die Frau steht unterm Regenschirm.

Wir mussten mehrere Stunden warten.

Mehmet steht im Tor.

Er isst drei Teller Suppe.

Wir hatten genug Wasser dabei.

Schnief, schnief!

Ich springe in den See.

Sie kauft ein Pfund Butter.

Es hat dreimal geklingelt.

Er geht zu seinem Freund.

Lukas geht zweimal in der Woche zum Training.

Pfui, das war unfair!

He, du Schnecke!

Überlege:

- Gibt es Wörter, die mir sagen, wo genau etwas ist?
- Gibt es Wörter, die mir auf die Frage wohin? eine Antwort geben?
- Gibt es Wörter, die eine bestimmte Anzahl angeben?
- Gibt es Wörter, die eine unbestimmte Menge oder Anzahl angeben?
- Gibt es Wörter, die ein bestimmtes Gefühl, einen Laut oder ein Geräusch ausdrücken?

Untersuche die Sätze auf der Trainingskarte. Unterstreiche die gesuchten Wörter in den entsprechenden Farben.

sind _ _ _ _ _ _ _ _ _ _ _ _ _ _ _ _ _ _

sind _ _ _ _ _ _ _ _ _ _ _

sind _ _ _ _ _ _ _ _ _ _ _ _ _ _ _

Bestandteile des Satzes

Wissen und Verstehen

Ein Satz besteht aus Wörtern, die zusammen einen Sinn ergeben und die in einer bestimmten Ordnung stehen. Sein Anfang ist durch einen großen Anfangsbuchstaben und sein Ende durch ein Satzschlusszeichen gekennzeichnet.

Ich bilde sinnvolle Sätze**.** **K**annst du das auch**?**

Üben 1

Welche Wörter passen nicht in die Sätze? Streiche sie durch.

Gestern fanden die den Bundesjugendspiele herein statt.

Beim vom Weitsprung übertraf rannte Hassan sich selbst.

Auch beim Laufen war saß er ich der Allerschnellste.

Nur beim Werfen rutschte ihm der Sportplatz Ball aus der die das Hand.

Üben 2

Schreibe sinnvolle Sätze auf. Kennzeichne den Satzanfang und setze das Satzschlusszeichen.

das Eichhörnchen | viele Nüsse | im Herbst | versteckt

überwintert | in | seinem Kobel | es

Das ....

....

im Winter | seine Vorräte | das Eichhörnchen | sucht

es | einige Verstecke | hat | vergessen

....

....

Wissen und Verstehen

Jeder Aussagesatz besteht aus mindestens zwei Teilen: dem Subjekt (Satzgegenstand) und dem Prädikat (Satzkern).

Der Vogel zwitschert. Es schneit.

Nach dem Subjekt fragst du: **Wer?** oder **Was?**

Nach dem Prädikat fragst du: **Was tut jemand?** oder **Was geschieht?**

Subjekt und Prädikat können aus einem Wort oder aus mehreren Teilen bestehen.

[Hans] [rennt]. [Der kleine Junge] [rennt]. [Er] [rennt weg].

Üben 1

Setze das richtige Subjekt ein.

aufmerksame Wachposten dicke und hohe Mauern die Händler

die Menschen alle Stadttore die Straßen

Sicherheit in der Stadt

Im Mittelalter waren .... unsicher.
(Wer oder was?)

Immer wieder wurden .... von Räubern überfallen.
(Wer oder was?)

In den Städten lebten .... ziemlich geschützt.
(Wer oder was?)

.... umgaben die mittelalterliche Stadt.
(Wer oder was?)

In den Türmen wachten ....
(Wer oder was?)

Nach Sonnenuntergang wurden .... geschlossen.
(Wer oder was?)

Üben 2

Welche Subjekte passen zum Prädikat? Färbe sie blau ein.

ein Chor | wir | der berühmte Tenor | die Amsel | singt | die Sängerin | die Katze | du | ihr | das Boot

Das zweigeteilte Prädikat

Üben 3 Kennzeichne in jedem Satz das Prädikat. Achte darauf, dass es aus zwei Teilen bestehen kann.

Ich	singe	ein Lied.	
Fritz	will	ein Lied	singen.
Tina	singt	es	vor.
Wir	werden	das Lied	singen.

Liz	malt	ein schönes Bild.	
Sie	kann	schöne Bilder	malen.
Ich	male	gerne Bilder	aus.
Ich	habe	auch ein Bild	gemalt.

Fabian	packt	seinen Koffer.	
Er	darf	ihn allein	packen.
Er	packt	viel zu viel	ein.
Er	wird	wieder neu	packen.

Oma	fährt	heute.	
Sie	fährt	um 17:05	ab.
Sie	muss	leider	fahren.
Sie	ist	pünktlich	abgefahren.

Wissen und Verstehen

Sätze können aus mehr als zwei Satzgliedern bestehen. Du kannst sie durch Satzergänzungen (Objekte) erweitern.
Mit der Frage **Wem?** fragst du nach einer Ergänzung im 3. Fall.
Mit der Frage **Wen oder was?** fragst du nach einer Ergänzung im 4. Fall.

Wir helfen **unserer Nachbarin**. Ich sehe **einen spannenden Film**.

Üben 1

Ergänze die Sätze mit passenden Satzergänzungen.

Ich erzähle .... (Wem?) .... (Wen oder was?).

Das Museum bietet .... (Wem?) .... (Wen oder was?) an.

Er hat .... (Wem?) .... (Wen oder was?) geliehen.

Sie musste .... (Wem?) .... (Wen oder was?) bringen.

Der Präsident übergab .... (Wem?) .... (Wen oder was?).

Üben 2

Frage **Wem?** oder **Wen oder was?**
Unterstreiche die Ergänzungen im 3. und 4. Fall mit unterschiedlichen Farben.

Am Teich

Wir wollen Wassertiere beobachten. Wir haben unsere Becherlupen mitgebracht. Kira hat ihre Lupe vergessen. Deshalb arbeite ich mit ihr zusammen. Kira sieht einen Wasserläufer. Sie zeigt mir stolz ihre Entdeckung. Ich versuche, diesen fixen Läufer zu fangen. Aber er entwischt meinen tapsigen Händen. Cem gibt uns aber eine kleine, langsame Wasserschnecke.

Umstandsbestimmungen

Wissen und Verstehen

Ortsangaben, Zeitangaben und Angaben über die Art und Weise sind auch Satzglieder. Diese Umstandsbestimmungen erklären, wo etwas geschieht, wann etwas geschieht oder wie es passiert. Nach diesen Satzgliedern fragst du so:

Wo? Wohin? Woher? – Wann? Seit wann? Wie lange? – Wie? In welcher Art?

Till reist **zu seiner Patentante**.
Till reist **morgen** zu seiner Patentante.
Till reist morgen **allein** zu seiner Patentante.

Üben

Lies den Text. Übertrage die Sätze in die Kästen. Frage dabei jedes Mal nach den Satzgliedern.

Unser Kater springt elegant auf die Garage.

Er liegt dort stundenlang faul in der Sonne.

Oskar bleibt seit einiger Zeit nachts draußen.

Er kommt erst morgens aus den Nachbargärten.

Wer?	tut was?	wie?	wohin?

Wer?	tut was?	wo?	wie lange?	wie?	wo?

Wer?	tut was?	seit wann?	wann?	wo?

Wer?	tut was?	wann?	woher?

Was unser Kater Oskar nachts wohl treibt?

Kannst du Satzglieder bestimmen?

Der Wasserfrosch lebt fast ständig im und am Wasser. Ab Oktober verkriecht er sich tief in Laub und Schlamm. Er bleibt dort mehrere Monate bewegungslos liegen. In dieser Zeit frisst er nichts. Die Luft zum Atmen nimmt er über die Haut auf. Seine Winterruhe endet im Frühling. Die ersten warmen Tage verwandeln den starren Frosch in ein springlebendiges Tier am Teich. Bald kann er wieder laut quaken!

Überlege:

- Nach dem Subjekt frage ich: Wer? oder Was?
- Nach dem Prädikat frage ich: Was tut jemand? oder Was geschieht?
- Nach der Satzergänzung im 3. Fall frage ich: Wem?
- Nach der Satzergänzung im 4. Fall frage ich: Wen oder was?
- Nach der Ortsangabe frage ich: Wo? Wohin? Woher?
- Nach der Zeitangabe frage ich: Wann? Wie lange? Seit wann?
- Nach den Angaben der Art und Weise frage ich: Wie? In welcher Art?

Untersuche den Text auf der Trainingskarte. Bestimme die Satzglieder. Unterstreiche sie in den entsprechenden Farben.

Das Bindewort und

Wissen und Verstehen

Ein einfacher Satz besteht aus Subjekt, Prädikat und Satzergänzungen.
Mit dem Bindewort **und** können Sätze miteinander verbunden werden.

Die Feuerwehr löschte den Brand. Die Polizei sperrte die Unfallstelle ab.
Die Feuerwehr löschte den Brand **und** die Polizei sperrte die Unfallstelle ab.

Üben

Verbinde je zwei Sätze sinnvoll. Schreibe sie mit dem Bindewort **und** auf.

Kai und ich stiegen auf die Räder.	Ich kam ganz schön aus der Puste.
Wir zogen unsere Fußballschuhe an.	Kai ließ den Ball im Regen liegen.
Wir stürmten über den Platz.	Wir fuhren zum Bolzplatz.
Plötzlich wurde der Himmel schwarz.	Kai kickte sofort los.
Der Donner grollte.	Kai rannte hektisch los.
Ich packte meine Sachen.	Die ersten Blitze zuckten.
In der Eile vergaß ich meine Schuhe.	Es fing an zu regnen.

....

....

....

....

....

....

....

....

....

....

Die Bindewörter weil, während, obwohl

Wissen und Verstehen

Auch mit den Bindewörtern **weil**, **während**, **obwohl** und **dass** können Sätze verknüpft werden.

Ich ziehe mich warm an. Ich friere.	Ich ziehe mich warm an, **weil** ich friere.
Ich schreibe. Mein Bruder sieht fern.	Ich schreibe, **während** mein Bruder fernsieht.
Jo rennt los. Die Ampel zeigt rot.	Jo rennt los, **obwohl** die Ampel rot zeigt.
Decke den Tisch. Ich möchte es.	Ich möchte, **dass** du den Tisch deckst.

Üben 1

Bilde Sätze.

Wer?	tut was?	Warum?
Unser Hund	ist beleidigt,	weil
	ist zornig,	
	schmollt,	
	jammert,	
	ist glücklich,	
	freut sich,	

Üben 2

Welches Bindewort passt nicht? Streiche es durch.

Die Blumen sind verwelkt, obwohl / während ich sie gegossen habe.

Er probiert die Soße, obwohl / während er im Topf rührt.

Die Aufführung war toll, obwohl / während die Generalprobe chaotisch war.

Die Handy-Rechnung ist hoch, obwohl / während ich aufgepasst habe.

Das Bindewort dass

Üben 3 Verbinde die Sätze mit dem Bindewort **dass**.

Du wirst wieder gesund. | Ich hoffe es.

Ich hoffe, dass ....

Ich soll aufräumen. | Mich stört es.

Es stört mich, ...

Ich sollte häufiger Flöte üben. | Meine Mutter findet es.

Meine Mutter findet, ...

Ich habe genug gebüffelt. | Ich glaube es.

Ich glaube, ...

Üben 4 Unterstreiche alle Bindewörter.

Diese Fliege nervt. Sie stört mich seit Stunden, weil sie mich immerzu kitzelt. Sie fliegt auf mein Heft und surrt mir ins Ohr. Ich hole eine Fliegenklatsche, obwohl ich eine Tierfreundin bin. Es ist nötig, weil ich dieses nervige Tier endlich erledigen muss. Ich hoffe, dass es nun klappt. Mein Bruder kommt ins Zimmer, während ich aushole. Er reißt mir die Fliegenklatsche aus der Hand und belehrt mich: „Fliegen sind auch Lebewesen!“

Was ist richtig? Extrarunde

Dass oder das – was passt? Ich glaube, _____ _____ richtig ist.

Können – Bist du fit?

Kannst du einfache Sätze miteinander verbinden und Bindewörter richtig einsetzen?

Heute spielt der TuS Ellendorf gegen den 1. FC Neustadt.
Die Zuschauer zeigen ihre Eintrittskarten. Sie suchen ihre Plätze auf.
Denise hat ihren Schal verloren. Sie weint.
Der Schiedsrichter pfeift, ... ein Spieler gefoult wurde.
Die Fans jubeln, ... die Mannschaft die Ehrenrunde dreht.
Der Torwart wird ausgewechselt, ... er hervorragend gehalten hat. In der Sportschau wurde berichtet, ... der Kapitän zu einem anderen Verein wechselt.

Überlege:

- Ist es ein einfacher Satz?
- Kann ich zwei Sätze mit dem Bindewort **und** verbinden?
- Kann ich das richtige Bindewort einsetzen: **weil**, **während**, **obwohl** oder **dass**?

Setze auf der Trainingskarte die richtigen Bindewörter ein.

Welche Sätze kannst du mit **und** verbinden? Schreibe sie auf.

....

....

....

....

....

....

Nomen erkennen

Wissen und Verstehen

Die Wortart Nomen ist die einzige, die großgeschrieben wird.
Nomen können mit einem Artikel verbunden werden und im Singular oder Plural stehen.
Die Wortbausteine **keit**, **heit**, **ung**, **nis**, **schaft**, **tum**, **sal** weisen ebenfalls auf Nomen hin.

der Hund – **viele** Hunde   die Freund**schaft**   das Eigen**tum**   das Schick**sal**

Üben

Suche alle Nomen heraus und schreibe sie mit Artikel auf.

GEBURTSTAG AUF ROLLEN

DAS GEHEIMNIS IST GELÜFTET! DA LIEGEN DIE NEUEN INLINER. SO EINE FREUDE! RANJA WILL SOFORT LOSFAHREN. SIE SCHNAPPT SICH IHREN FAHRRADHELM. DIE SCHUTZAUSRÜSTUNG FÜR KNIE, ELLBOGEN UND HANDGELENKE HAT DIE VERWANDTSCHAFT SPENDIERT. RANJA SCHNALLT DIE NEUEN DINGER AN. AM ANFANG FÜHLT SIE SICH NOCH ETWAS WACKLIG, ABER BALD KANN SIE DAS GLEICHGEWICHT HALTEN. SIE NIMMT GESCHWINDIGKEIT AUF UND GLEITET AUF DEN ROLLEN ÜBER DEN HOF. COOL! DA KOMMT DIE WAND. WIE DIE BREMSEN FUNKTIONIEREN, HAT IHR LEIDER NIEMAND ERKLÄRT.

der Geburtstag ....

Wissen und Verstehen

Groß schreibst du auch Wörter, die als Nomen gebraucht werden, obwohl sie zu einer anderen Wortart gehören. Verben kannst du als Nomen gebrauchen, wenn du ihre Grundform mit einem Artikel verbindest.

Das Spielen macht Spaß.

Üben

Setze das Verb, das zum Nomen geworden ist, ein. Achte auf die Großschreibung.

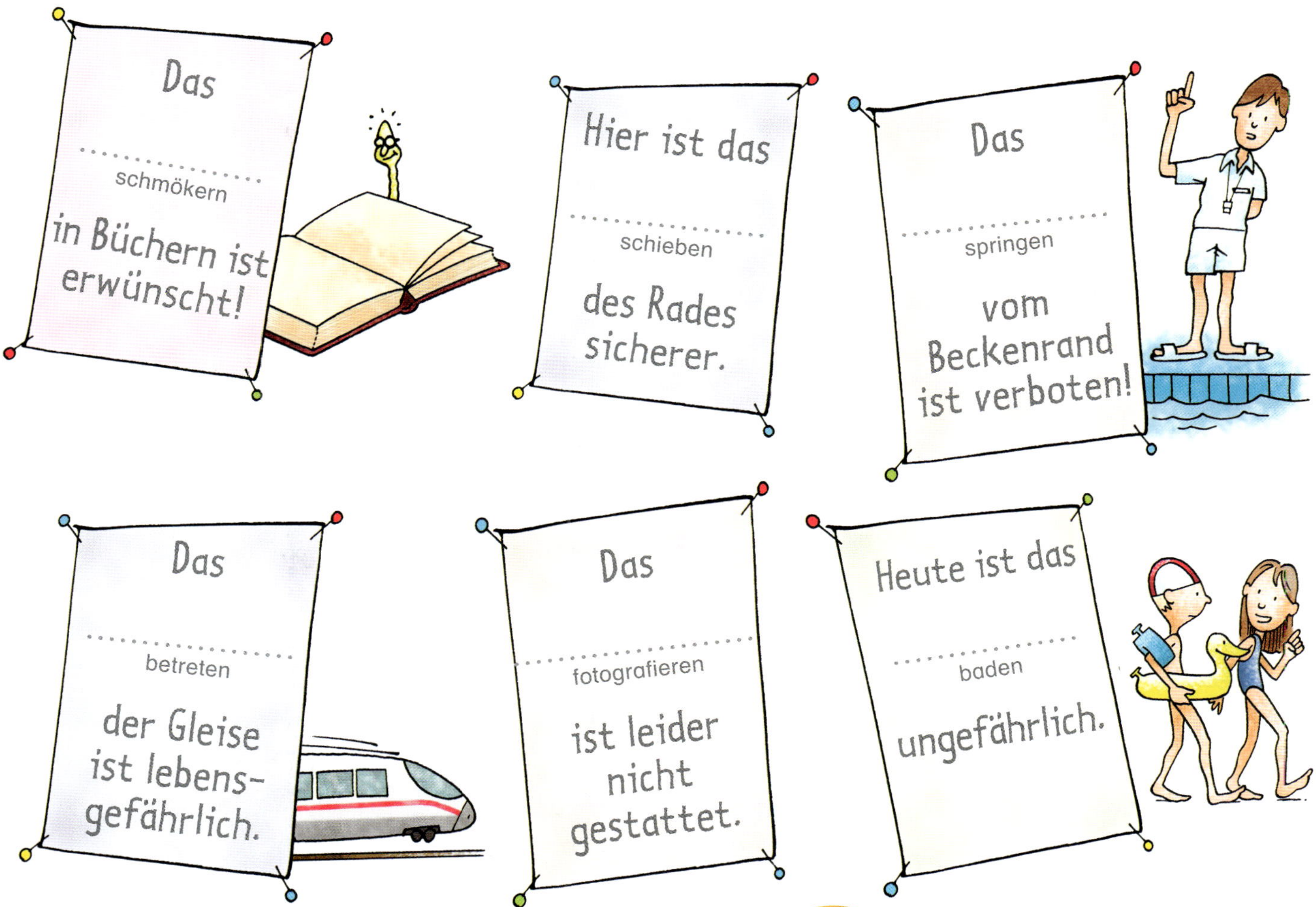

Extrarunde

Verbotsschilder suchen

Hast du auf Schildern in Hausfluren, Geschäften oder Spielplätzen ähnliche Verbote und Gebote gelesen? Achte einmal darauf. Sammle Beispiele.

Nomen mit verstecktem Artikel

Wissen und Verstehen

In den Wörtern **beim**, **vom** und **zum** ist der Artikel versteckt. Wenn diese Wörter vor einem Verb stehen, musst du es großschreiben.

Ich singe **beim S**pielen.

Üben 1

Verbinde die Satzteile. Schreibe die Sätze auf.

Beim Kochen	habe ich Muskelkater.
Beim Einschlafen	verschlucke ich mich leicht.
Vom Rennen	darf mich keiner stören.
Beim Lachen	höre ich leise Musik.
Vom Turnen	bekomme ich Durst.

....

....

....

....

....

Üben 2

Was brauchst du wozu? Schreibe auf.

kochen

Ich brauche zum ....

malen

....

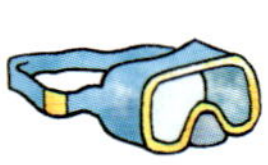

tauchen

....

Wissen und Verstehen

Adjektive werden zu Nomen, wenn du einen Artikel davorsetzt und kein weiteres Nomen folgt.

Till ist **der G**röße in unserer Klasse.

Auch nach den Wörtern **alles**, **etwas**, **viel**, **nichts**, **wenig** schreibst du Adjektive groß.

Ich wünsche dir **alles G**ute zum Geburtstag.

Üben 1

Markiere die Adjektive, die als Nomen gebraucht werden.

Üben 2

Verbinde die Adjektive mit **etwas**, **viel**, **nichts**, **alles** oder **wenig**. Schreibe sie auf.

lustig → etwas Lustiges

neu → ....

aufregend → ....

spannend → ....

Zeitangaben

Wissen und Verstehen

Tageszeiten und Wochentage kannst du mit Nomen bezeichnen. Sie werden großgeschrieben.

der Morgen **der M**ittag **der A**bend **der D**ienstag

Für die Angabe von Tageszeiten und Wochentagen kannst du auch Umstandswörter (Adverbien) verwenden: Sie werden kleingeschrieben.

morgens **m**ittags **a**bends **d**ienstags

Üben 1

Trage die Tageszeiten ein.

der ....

der ....

der ....

der Morgen

die ....

der ....

Üben 2

Schreibe auf, was du tagsüber und nachts regelmäßig tust.

 Ich stehe morgens um ....

 Ich ....

 Ich ....

 Ich ....

Wann gehst du am liebsten in die Schule? Kreise ein.

mittwochs montags sonntags donnerstags dienstags freitags samstags

Kannst du erkennen, ob Adjektive und Verben als Nomen gebraucht werden?

Zusammen gehts besser

Schirin, Patrick, Sabrina und Mike setzen sich zur Gruppenarbeit zusammen. Sie sollen etwas Interessantes ① ☐ über Dinosaurier zusammentragen. Schirin ist die Ordentlichste ② ☐, sie übernimmt das Schreiben ③ ☐. Sabrina ist die Coole ④ ☐ in der Runde. Sie hat die tollsten Einfälle. Mike, der Bedächtige ⑤ ☐, denkt gründlich über das Aussterben ⑥ ☐ der Brontosaurier nach. Patrick ist der Mutigste ⑦ ☐ und hat deshalb beim Vortragen ⑧ ☐ keine Probleme. Trotzdem wünschen ihm die drei anderen alles Gute ⑨ ☐!

Überlege:

- Steht ein Artikel vor einem Verb? (rot)
- Ist das Verb mit **beim**, **vom** oder **zum** verbunden? (orange)
- Steht ein Artikel vor einem Adjektiv? (grün)
- Ist das Adjektiv mit **alles**, **etwas**, **viel**, **nichts** oder **wenig** verbunden? (gelb)

Überprüfe alle mit einer Ziffer gekennzeichneten Wörter auf der Trainingskarte. Markiere die Kästchen in der entsprechenden Farbe und zähle.

(rot) .... -mal	(orange) .... -mal
(grün) .... -mal	(gelb) .... -mal

Wörter mit s und ß

Wissen und Verstehen

Das s ist ein weich gesprochener Laut, das ß ein scharf gesprochener.
Im Auslaut, am Ende eines Wortstammes oder einer Silbe hörst du aber immer einen scharfen (s)-Laut. Hier hilft dir die Verlängerungsprobe.

das Gras – die Gräser   süß – süßer   er liest – lesen

Üben

Verlängere jedes Wort und schreibe es nach Silben getrennt auf.
Wie klingt der (s)-Laut? Kreuze an.

	ich verlängere	weich ausgesprochen	scharf ausgesprochen
der Strauß	die Sträu ße		X
die Maus			
er niest			
der Fuß			
heiß			
das Haus			
der Spaß			
der Gruß			
groß			
er fließt			
süß			
er las			
der Kloß			
das Gras			

Wissen und Verstehen

Fremdwörter sind Wörter, die aus einer anderen Sprache kommen.
In Fremdwörtern wird das V/v oft als (w) gesprochen.

der **V**ulkan das Kla**v**ier das **V**ideo

Üben

Löse das Rätsel. Trage die Wörter ein.

- ein Behälter für Blumen
- aus ihr wird Öl gewonnen
- ein Krankheitserreger (I)
- ein Tasteninstrument
- ein Blutsauger
- ein vornehmes Haus
- sie sind wichtig für die Ernährung
- kein Nomen, sondern ein
- anderes Wort für lila
- eine Art Film
- das Gegenteil von öffentlich (P)
- ein Streichinstrument

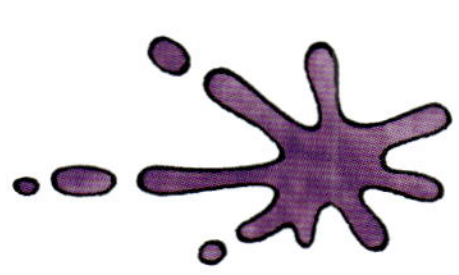

Für schlaue Köpfe — Extrarunde

Die Wörter Villa, Verb und Video kommen aus dem Lateinischen. Weißt du, wer diese Sprache gesprochen hat?

Der ks-Laut

Wissen und Verstehen

Der Laut (ks) kann unterschiedlich geschrieben werden: mit **x**, **chs**, **ks**, **cks** und mit **gs**. Wie die Wörter geschrieben werden, kannst du mit Regeln nicht überprüfen. Du musst sie auswendig lernen

die He**x**e   der Fu**chs**   der Ke**ks**   der Kle**cks**   unterwe**gs**

Üben

Ordne die Wörter richtig ein. Markiere immer den (ks) -Laut.

das Xylofon   montags   der Ochse   mixen   extra
schnurstracks   das Lexikon   die Büchse   unterwegs   der Luchs
wachsen   blindlings   der Keks   der Knicks   links   der Murks
nachmittags   schlaksig   der Klecks   zwecks   der Knacks
vormittags   anfangs   das Taxi   der Dachs   die Öltanks

Ordne die Wörter zu.

Wörter mit **x**: ....

....

Wörter mit **chs**: ....

....

Wörter mit **ks**: ....

....

Wörter mit **cks**: ....

....

Wörter mit **gs**: ....

....

Kannst du schwierige Wörter sinnvoll üben?

der Spaß weiß der Mixer links das Video die Straße
der Fuchs mittags heiß die Viper das Taxi privat
die Vitamine der Dachs der Kloß das Ventil
das Lexikon der Keks der Vulkan der Gruß montags
die Olive der Fuß der Virus

Überlege, welche Schritte dir helfen:
- Ich lese das Wort langsam und gründlich.
- Ich spreche das Wort deutlich in Silben gegliedert.
- Ich kennzeichne die schwierige Stelle.
- Ich stelle die Wörter mit gleichen Schwierigkeiten zusammen und schreibe sie in Gruppen geordnet auf Karteikarten.
- Ich merke mir einige Wörter und schreibe sie auswendig auf.
- Ich lasse mir die Wörter diktieren.

Untersuche die Wörter auf der Trainingskarte. Markiere die besonderen Schwierigkeiten der Wörter. Schreibe die Wörter nach Schwierigkeiten geordnet auf.

Konsonantenhäufung

Wissen und Verstehen

Nach einem kurzen betonten Vokal (Selbstlaut) oder Umlaut folgen mehrere Konsonanten (Mitlaute). Es können verschiedene Konsonanten sein, aber auch zwei gleiche.

der A**pf**el   da**nk**en   die Ta**ss**e   fü**ll**en

Besonders aufpassen musst du, wenn der Doppelkonsonant am Ende des Wortstammes eines Verbs steht. Du kannst dir helfen, indem du die Grundform bildest.

du re**nn**st – re**nn**en

Üben

Setze die fehlenden Formen ein. Markiere die doppelten Konsonanten.

Grundform	Personalformen		
rennen	ich renne	du rennst	sie rennt
	ich rolle		
		du isst	
			er stoppt
kommen			
		du hoffst	
	ich jogge		
			er tippt
zerren			
			er bellt
schnappen			
		du triffst	
			er fasst

Wissen und Verstehen

Nach einem kurzen Vokal werden die Konsonanten **z** und **k** verdoppelt.
Statt **zz** schreibst du **tz** und statt **kk** schreibst du **ck**.

die Hi**tz**e   kra**tz**en   tro**ck**en   die Schne**ck**e

Üben 1

Ordne die Wörter nach Wortfamilien.
Markiere den kurzen Vokal durch einen •.

er pa●te
abtro●nen
verkra●t
das Gepä●
sie kra●t
das Pa●papier
die Tro●enheit
die Kra●bürste
verpa●t
tro●en
gekra●t
die Kra●spuren
der Tro●ner
eingepa●t
vertro●net

packen
....
....
....

kratzen
....
....
....

trocknen
....
....
....

Üben 2

Lies die Wörter. Schreibe sie in Silben getrennt auf.

Mütze   Hitze   Pfütze   blitzen

Müt							

Dehnung nach langem Vokal

Wissen und Verstehen

Viele Wörter mit einem lang gesprochenen Vokal schreibst du so, wie du sie sprichst.

der Regen   er kam   schön

In manchen Wörtern wird der lange Vokal gedehnt. Der Vokal kann entweder verdoppelt werden oder es wird ein Dehnungs-h eingefügt.

der Saal   leer   die Bahn   ohne

Üben 1

Wie kannst du die Wörter ordnen? Trage sie in die Tabelle ein und ergänze passende Überschriften.

zählen   der Regen   das Meer   der Tiger   der See   das Fahrrad

die Waage   raten   der Bohrer   doof   der Rabe   fehlen   schlafen

das Moos   über   das Beet   nehmen   führen

....	....	....

Üben 2

Prüfe die Wortfamilien. Welches Wort passt nicht? Streiche es durch.

die Wahrheit   war   wahrscheinlich   wahr   die Wahrsagerin

führen   der Entführer   du führst   für   verführerisch   die Führung

die Dehnung   gedehnt   ausdehnen   dehnbar   den   dehnte

Wissen und Verstehen

Das lang gesprochene (i) kann verschieden geschrieben werden:
entweder lautgetreu nur mit **i**, meistens mit **ie** und selten mit **ih**.

der **I**gel   die B**ie**ne   **ih**r

Üben

Ordne die Wörter nach ihren verschiedenen Schreibweisen.

gratulieren   wieder   ihm   Maschine   Wiese   ihrer   Lawine   niesen

spazieren   Musik   Beispiel   Tiger   Fieber   sieben   Vampir   Krokodil

zufrieden   dir   Liebe   tiefer   lief   ihr   ihn   viel   frieren   ihnen

ie

ih

i

Der Doppellaut

Wissen und Verstehen

Die Doppellaute gelten in unserer Sprache als lang gesprochene Laute. Deshalb kann ihnen auch kein Doppelkonsonant, kein **tz** und kein **ck** folgen.

l**au**fen d**ie** Kr**eu**z sch**au**keln M**ai**s

Üben 1

Schreibe die Wörter auf. Markiere die Doppellaute.

 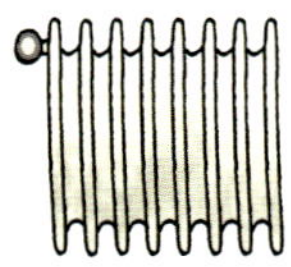 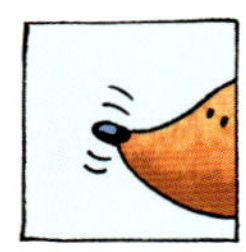 

....

  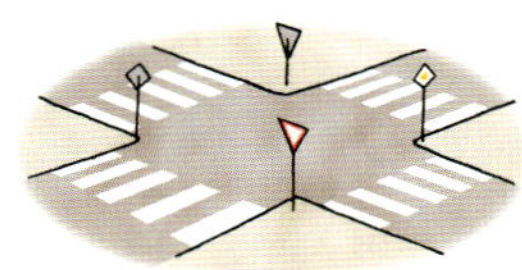

....

Üben 2

In diesem Gitterrätsel stehen neun Wörter mit Doppellaut. Markiere sie und schreibe sie auf.

R	M	P	A	U	K	E	L	S	T	M
E	O	T	N	F	R	Ö	Z	B	X	A
U	Q	Y	L	H	E	I	P	E	N	I
L	S	C	H	A	U	K	E	L	N	S
E	B	G	E	I	Z	I	G	R	M	P
N	K	L	X	M	A	O	K	E	P	F
R	E	I	Z	E	N	D	T	K	C	K
S	C	H	N	Ä	U	Z	C	H	E	N

....
....
....
....
....
....
....
....
....

Können Bist du fit?

? Kannst du selbst Rechtschreibfehler finden?

Die Sonne brent heiß vom Himml. Nina pakt ihre Badesachen III

und sezt sich auf ihr Fahrrad. An der Kreutzung trifft sie Carlo. II

Sie faren auf die Wise am Baggersee. Plözlich fängt es an zu III

gießen. Sie schnappen ire Rucksäke und flietzen nach Hause. III

Sie legen die pitschnassen Kleider auf die Heitzung. I

Ob das was nuzt? I

Überlege, wie du die Schreibweise überprüfen kannst:

- Ich spreche beim Lesen jedes Wort in Silben mit.
- Ich überprüfe, ob Buchstaben fehlen.
- Wenn ich unsicher bin, überlege ich, ob ich eine Regel anwenden kann.
  Schreibung nach kurzem Vokal?
  Schreibung nach Doppellaut?
  Dehnungs-h nach langem Vokal?
- Wenn ich keine Regel kenne, schlage ich im Wörterbuch nach.
- Wenn ich den Fehler gefunden habe, streiche ich das Wort durch und schreibe es richtig darüber.

Überprüfe den Text und korrigiere die Fehler. Begründe die richtige Schreibweise, indem du die Stelle in der entsprechenden Farbe unterstreichst.
Welche Wörter hast du im Wörterbuch nachschlagen müssen? Schreibe sie auf.

....

....

Redezeichen bei wörtlicher Rede

Wissen und Verstehen

Die wörtliche Rede erkennst du an den Anführungszeichen oben und unten. Steht der Redebegleitsatz vor der wörtlichen Rede, endet er mit einem Doppelpunkt.

Emma fragt: „Ist dein Knie wieder heil?"

Der Redebegleitsatz kann auch nach der wörtlichen Rede stehen oder eingeschoben werden. Dann wird er durch ein Komma abgetrennt.

„Na klar!", ruft Cenk. „Prima", sagt Emma, „dann können wir ja skaten."

Bei einem nachgestellten Redebegleitsatz fällt der Punkt im Aussagesatz weg.

„Ich möchte lieber lesen", antwortet Cenk.

Üben 1

Unterstreiche die wörtliche Rede und die Redebegleitsätze unterschiedlich.

Fanni fragt: „Darf ich zu Denise gehen?"

„Warte bitte", antwortet ihre Mutter, „bis ich fertig telefoniert habe."

„Kannst du mir nicht jetzt eine Antwort geben?", mault Fanni.

Die Mutter wird ungeduldig: „Hast du überhaupt schon Hausaufgaben gemacht?" „Natürlich nicht", entgegnet Fanni, „deswegen will ich mich ja mit Denise treffen!" „Aber komm nicht zu spät nach Hause!", ruft die Mutter Fanni hinterher.

Üben 2

Setze Doppelpunkt und Redezeichen ein.

Daniel ruft Wollen wir Fahrrad fahren?

Warum eigentlich nicht? , antwortet Erkan. Lasst uns doch auf den Bolzplatz gehen , ruft Melli, ich will lieber kicken.

Daniel beschwert sich Immer willst du bestimmen!

Erkan beschwichtigt die beiden Wir können doch mit dem Fahrrad zum Bolzplatz fahren.

Satzzeichen einsetzen

Üben 3 Stelle die wörtliche Rede mit den Begleitsätzen um. Setze die Satz- und Redezeichen.

Begleitsatz

← vorne Franzi ruft: „Ich weiß es!“

→ hinten „Ich weiß es!“, ruft Franzi.

↓ eingeschoben „Ich“, ruft Franzi, „weiß es!“

← Ben freut sich: „Ich habe gewonnen.“

→ ....

↓ ....

← ....

→ ....

↓ „Wann“, fragt Mira, „gibt es Essen?“

← ....

→ „Gleich gehen wir ins Kino“, sagt Jona.

↓ ....

← Tine erzählt: „Mein Fisch wird täglich gefüttert.“

→ ....

↓ ....

Komma bei Aufzählungen

Wissen und Verstehen

Aufzählungen werden durch Kommas abgetrennt, außer wenn sie durch die Bindewörter **und** oder **oder** verbunden sind.

Es gab Salat, Pizza **und** Nachtisch.

Möchtest du das gelbe, das grüne **oder** das rote Ei?

Üben

Schreibe Aufzählungen mit Komma oder den Bindewörtern **oder** und **und**.

Ich kaufe ....

....

Soll ich ....

.... anziehen?

Ich schenke dir ....

....

Möchtest du ....

.... haben?

Im Regal stehen ....

....

Wird es morgen ....

....?

Fährst du nach ....

....?

Wissen und Verstehen

Vor den Bindewörtern **weil**, **obwohl**, **während** und **dass** steht ein Komma.

Ich gehe zum Training, **weil** am Sonntag ein Spiel ist.
Das Spiel fand statt, **obwohl** es regnete.
Der Dieb kletterte durchs Fenster, **während** wir schliefen.
Ich hoffe, **dass** meine Freundin gesund wird.

Üben

1 Schreibe Sätze auf. Es können auch Unsinnsätze sein.
Kreise das Bindewort **weil** ein. Setze das Komma an die richtige Stelle.

Karla schreibt langsam
Paul stolpert
Die Katze fängt Mäuse
Ich esse gern Knäckebrot
Luisa findet den Hausschlüssel nicht
Wir sitzen im Freien
Der Hund knurrt

weil die Natur es so eingerichtet hat.
weil ihre Handtasche so groß ist.
weil sie die Hand verstaucht hat.
weil der Briefzusteller kommt.
weil es so herrlich kracht.
weil er nicht aufgepasst hat.
weil die Sonne scheint.

....
....
....
....
....
....
....

Komma vor obwohl, während, dass

Üben 2 Setze die richtigen Bindewörter ein und setze das Komma.

obwohl **während**

▲ Ich habe den Fehler übersehen ___ ___ ich alles überprüft habe.

■ Sie hat ein schönes Buch gelesen ___ ___ sie im Zug saß.

● Er schlief tief und fest ___ ___ der Fernseher lief.

◆ Wir mussten das Fest verlassen ___ ___ es gerade so schön war.

Bei welchem Satz passen beide Bindewörter? Trage das Symbol ein. ___

Üben 3 Führe die Sätze mit dem Bindewort **dass** weiter und setze das Komma an die richtige Stelle.

… das Sportfest ausfällt?
… ich dich nicht getroffen habe.
… du Ärger kriegst?
… es dir wieder besser geht.
… seine Mannschaft gewinnt.
… es klappt.
… der Schiedsrichter Recht hatte.
… dass ich einen Schnupfen bekomme.

Weißt du, dass ....
Wir hoffen ....
Schade ....
Der Trainer erwartet ....
Fürchtest du ....
Wir glauben ....
Ich spüre ....
Enno denkt ....

Kannst du Kommas richtig einsetzen?

Die Fahrradparty

„Lass uns eine Party feiern“ schlägt Lilli ihrer Freundin Jana vor. Deshalb planen sie eine Fahrradrallye obwohl sie sich eigentlich fürs Reiten interessieren. Aber das fänden die Jungen vielleicht langweilig. Sie wollen eine kleine Radtour ein Quiz und ein Picknick organisieren. Lilli schreibt die Einkaufsliste während Jana sich um die Einladungen kümmert. „Sollen wir sechs acht oder zehn Kinder einladen?“ fragt Jana. Die Mädchen müssen sich schnell entscheiden weil bald Ferien sind. „Ich besorge Bleistifte Papier und Schreibunterlagen“ sagt Lilli. Die beiden bereiten eine interessante Route ein kniffliges Fahrradquiz und einen bunten Salat für das Picknick vor. Jetzt hoffen sie nur noch dass ihnen das Wetter keinen Strich durch die Rechnung macht.

Überlege:

- Ist es eine Aufzählung?
  Wird sie durch Kommas abgetrennt oder wird sie durch die Bindewörter **und**, **oder** verbunden?
- Ist es ein Satz, in dem ein Bindewort wie **dass**, **weil**, **während**, **obwohl** vorkommt?
- Ist es ein nachgestellter Begleitsatz bei einer wörtlichen Rede, der durch ein Komma abgetrennt wird?

Trage die fehlenden Kommas auf der Trainingskarte ein. Es sind ___ Kommas.

Nach Anfangsbuchstaben ordnen

Wissen und Verstehen

Wenn du unsicher bist, wie ein Wort geschrieben wird, dann schlage im Wörterbuch nach. Dort sind die Wörter nach dem Alphabet geordnet. Bei gleichen Anfangsbuchstaben musst du auf den zweiten und die nachfolgenden Buchstaben achten.

die Gans   der Geier   der Gepard

Üben

Ordne die Namen und Fachbegriffe an der richtigen Stelle in die Listen ein.

Alea   Ava   Adriano   Anke   Anneliese   Antonio

Sage   Vokal   Satzglied   Satzzeichen   Subjekt   Silbe

aus einer Namensliste	Fachbegriffe aus einem Sprachbuch
Achmed	Sachtext
←	← ....
Adelheid	Satzanfang
← Adriano	← ....
Aiga	Satzarten
←	← ....
Alex	Satzkern
←	← ....
Ali	Satzverbindung
←	← ....
Anja	Schlusszeichen
←	← ....
Anna	Schlüsselwörter
←	← ....
Anne	Silbentrennung
←	← ....
Annemarie	Steigerung
←	← ....
Antonia	Strophe
←	← ....
Appolina	Vergleichsform
←	← ....
Aylin	Vorsilbe

Wissen und Verstehen

Im Wörterbuch stehen Wörter meistens in ihrer einfachsten Form: Verben stehen in der Grundform, Adjektive in der Grundstufe und zusammengesetzte Nomen musst du in ihre Teile zerlegen und einzeln nachschlagen.

sie isst – essen
höher – hoch
Schwebebalken – schweben, der Balken

Üben 1

Schreibe auf, unter welchen Wörtern du suchen kannst.

Fahrradlenker	fahren, das Rad, der Lenker
Fußballtrainer	....
Gemeinderatssitzung	....
wiederkommen	....
Lesewettbewerb	....
Winterolympiade	....

Üben 2

Trage das Wort ein, unter dem du im Wörterbuch suchen musst.

am schärfsten ↓	sie zog ↓	er flog ↓	er kam ↓ ....
am besten ↓	du siehst ↓	sie tritt ↓	höher ↓ ....
das Kästchen ↓	er aß ↓	ich saß ↓	näher ↓ ....

Den Haupteintrag finden

Wissen und Verstehen

Die fettgedruckten Wörter in einem Wörterbuch nennt man Haupteinträge. Darunter stehen oft Nebeneinträge. Sie gehören zur gleichen Wortfamilie. Oft sind Wörter, die du suchst, solche Nebeneinträge.

gießen du gießt, er goss, die Gießerei, die Gießkanne

Üben

Ordne die Nebeneinträge den Haupteinträgen zu und trage sie ein.

der Leser probieren nervös proben das Lesebuch nerven du liest

nervenstark er las probeweise die Leseratte nervig der Probealarm

leserlich die Nervensäge die Probefahrt

lesen ……………………

……………………

……………………

……………………

……………………

……………………

der **Nerv**, die **Nerven** ……………………

……………………

……………………

……………………

……………………

……………………

die **Probe**, die **Proben** ……………………

……………………

……………………

……………………

……………………

……………………

? Kannst du Wörter im Wörterbuch nachschlagen?

Sommerfest

Bald ist Sommerfest. Die Viertklässler wollen Pflanzen verkaufen. Es wird höchste Zeit, mit den Vorbereitungen zu beginnen. Vom Kugelkaktus lösen sie die stachligen Bällchen. Sie setzen die Ableger mit den winzigen Wurzeln in sandige Erde. Jetzt müssen die Jungpflanzen noch anwachsen. Im nächsten Schritt setzen die Kinder die Ausläufer einer Grünlilie in Töpfchen. Rund um die Mutterpflanzen stehen nun die Pflanzenkinder. Ihre Verbindungsschnüre dürfen erst nach einigen Wochen durchtrennt werden. Ob alle Pflänzchen verkauft werden?

Überlege, welche Nachschlagetipps du anwenden kannst:

- Ich achte auf den Anfangsbuchstaben.
- Bei zwei gleichen Anfangsbuchstaben achte ich auf den zweiten und die nachfolgenden Buchstaben.
- Zu Verben suche ich die Grundform.
- Zu Adjektiven suche ich die Grundstufe.
- Zusammengesetzte Nomen zerlege ich in ihre Teile und suche jeden Teil einzeln.

Suche die farbigen Wörter im Wörterbuch. Stoppe die Zeit. Wie lange hast du dazu gebraucht und unter welchen Stichwörtern hast du sie gefunden?

höchste: ....

Vorbereitungen: ....

Kugelkaktus: ....

sandig: ....

Jungpflanze: ....

nächsten: ....

Verbindungsschnüre: ....

durchtrennt: ....

Ideen sammeln

Wissen und Verstehen

In einer Erzählung schreibst du über ein tatsächliches oder ein erfundenes Erlebnis.
Damit der Leser die Geschichte gerne liest, sollte sie spannend sein.
Entscheide dich zuerst, was und in welcher Reihenfolge du schreiben willst.
Dabei kann dir ein Cluster, eine Ideensammlung, helfen.

Üben

1 Zu welchem Thema gehören diese Ideen? Ordne sie zu.

- David trifft sonderbaren Zwerg
- Schlafsäcke stapeln sich
- Verabredung auf dem Gipfel des Vulkans
- Tür zum Garten ist geöffnet
- Fahrstuhl rast ins Erdinnere
- gruslige Geschichte wird vorgelesen
- Rascheln zwischen den Büchern
- Kobolde grillen auf heißer Lava
- Maus huscht unter die Heizung
- David wacht schweißgebadet auf

Unsere Lesenacht

Die aufregende Fahrt ins Erdinnere

Üben 2 Ergänze deine Ideen für die Geschichte **Der Klassenausflug**.

Der Klassenausflug

- Busfahrt
  - Mittagspause auf dem Rastplatz
  - Carla spielt mit Hund
  - ....
- Weiterfahrt
  - Carla fehlt im Bus
  - ....
  - ....
- Suche nach Carla
  - ....
  - ....
- Verspätung
  - ....
  - Besuch im Museum

Üben 3 Schreibe die Erzählschritte für deine Geschichte **Der Klassenausflug** in Stichworten auf.

....

....

....

....

....

....

Eine Geschichte planen

Wissen und Verstehen

Eine Erzählung besteht aus verschiedenen Teilen:
Die Einleitung informiert kurz über die beteiligten Personen, den Ort, die Zeit und das Geschehen (wer?, wo?, wann?, was?).
Im Hauptteil wird spannend und ausführlich bis zum Höhepunkt der Geschichte erzählt. Dazu wird auch die wörtliche Rede verwendet. Der Leser will wissen, was die Personen sagen und denken.
Der Schluss rundet die Geschichte ab. Die Spannung wird aufgelöst.

Üben

1 Welche dieser Erzählschritte gehören in die Einleitung (E)?
Welche Erzählschritte sollten zum Hauptteil ausgestaltet werden (H)?
Welcher Erzählschritt passt in den Schlussteil (S)?
Kennzeichne mit den Buchstaben E, H, S.

Nach der Schule konnte ich den Schlüssel nirgendwo finden. ☐

Auf dem Schulhof stellte ich mein Fahrrad in den Fahrradständer und verriegelte das Fahrradschloss. ☐

Ich suchte überall: in der Sporthalle, im Klassenzimmer, auf dem Schulhof. Alle Freunde halfen mit. ☐

Überglücklich fuhr ich mit meinem Fahrrad nach Hause. Das passiert mir nicht noch einmal. ☐

An einem Dienstagmorgen fuhr ich mit meinem neuen Fahrrad zur Schule. ☐

Verzweifelt setzte ich mich auf den Boden neben mein Fahrrad. Dabei sah ich, dass er noch im Schloss steckte. ☐

Üben 2 Gestalte den Hauptteil aus. Verwende dazu die wörtliche Rede.
Denke dir Begleitsätze mit treffenden Verben aus.

O nein! Hast du ihn in der Umkleidekabine gefunden?

Mein Schlüssel ist weg.

Was soll ich nur machen?

Das kann doch nicht wahr sein!

Kann ich mein neues Schloss aufbrechen?

Meine Oma wartet mit dem Essen auf mich.

Irgendwo muss er doch liegen.

Warum muss mir das gerade heute passieren?

jammern | nachdenken | fragen | schimpfen | überlegen | toben | seufzen

zweifeln | schreien | ausrufen | murmeln | den Kopf zerbrechen

Den Hauptteil ausgestalten

Üben 3 Wähle eine Überschrift, eine Einleitung und einen Schluss aus. Kreuze an.
Schreibe einen passenden Hauptteil auf. Was könnte passiert sein? Erzähle den Höhepunkt der Geschichte ausführlich und spannend.

☐ Der kleine Ausreißer

☐ Die große Suche

☐ Als unser Meerschweinchen verschwunden war

☐ Am letzten Samstag erlebte ich eine böse Überraschung. Ich kam in mein Zimmer und sah, dass der Meerschweinchenkäfig offen war.

☐ Als ich eines Abends meinem Meerschweinchen ein Salatblatt bringen wollte, entdeckte ich, dass sein Käfig leer war.

☐ Am Samstagabend wollte ich meinem Meerschweinchen Futter bringen. Dabei entdeckte ich, dass die Käfigtür offen und mein kleines Tier verschwunden war.

„Wie konnte das nur passieren?", überlegte ich. „Wo kann Anton nur sein?" Aufgeregt ....

....

....

....

....

....

....

☐ Ich nahm ihn auf meinen Arm und brachte ihn wieder in den Käfig zurück.

☐ Erleichtert brachte ich ihn wieder in seinen Käfig. Ich war froh, dass ihm nichts passiert war.

☐ Glücklich streichelte ich meinem Ausreißer das wuschlige Fell. Vorsichtig setzte ich ihn in seinen Käfig. Das passiert sicher nicht noch einmal.

Üben 4 Hast du in deinem Hauptteil abwechslungsreiche Wörter benutzt? Um Wiederholungen zu vermeiden, kannst du Wörter ersetzen. Es gibt viele Namen für Anton. Umrande die treffenden Bezeichnungen. Findest du noch mehr?

mein Haustier

das kleine Meerestier

es

das Meerschweinchen

der Ausreißer

das neugierige Tier

mein Wuschel

....

das kleine Schweinchen

Haustier-Geschichten schreiben

Extrarunde

Schreibe deine Geschichte mit dem Computer ab. Du kannst auch eine Geschichte über dein Haustier schreiben. Wem möchtest du sie schenken?

Treffende Wörter verwenden

Wissen und Verstehen

Im Hauptteil einer Geschichte wird besonders genau erzählt. Anschauliche, treffende Verben und Adjektive können dir dabei helfen.
Die Leser und Leserinnen wollen auch erfahren, was die Personen sehen, hören oder fühlen. So können sie sich alles gut vorstellen.

Üben

1 Betrachte das Bild. Was erlebt Daniel?
Verwende anschauliche Adjektive und Verben. Diese Wörter helfen dir.

knistern knacken zischen lodern flackern qualmen
einstürzen brenzlig hilflos rauchig entsetzt lichterloh ängstlich
haushoch blitzschnell rabenschwarz

Was **sieht** Daniel? ....

....

....

....

Was **hört** er? ....

....

....

Was **riecht** er? ....

....

Was **fühlt** er? ....

....

....

Üben 2 Daniel spürt die Angst am ganzen Körper. Verbinde die richtigen Satzteile und schreibe auf, wie er sich fühlt.

Er bekommt	die Knie.
Seine Hände	ihm bis zum Hals.
Es läuft ihm	steht ihm auf der Stirn.
Sein Gesicht wird	zu atmen.
Ihm zittern	eine Gänsehaut.
Sein Herz klopft	fühlen sich kalt an.
Kalter Schweiß	eiskalt über den Rücken.
Er wagt kaum	kreideweiß.

Daniel ....

....

....

....

....

....

Üben 3 Ergänze den Hauptteil der Geschichte. Verwende treffende Wörter, um Daniels Stimmung auszudrücken. Schreibe in der Vergangenheit.

In den Sommerferien hatte sich Daniel mit seinem Freund zum Schwimmen verabredet. Schnell wollte er aus der Stadt zum See fahren. Kaum hatte er das kleine Wäldchen hinter sich gelassen, als er schon von Weitem eine brennende Hütte sah. Sein Weg führte genau darauf zu.

Eine Geschichte nacherzählen

Wissen und Verstehen

Bei einer Nacherzählung wird die Handlung einer Geschichte möglichst genau wiedergegeben. Dabei solltest du nichts Wichtiges weglassen, aber auch nichts dazuerfinden.
Damit die Geschichte verständlich ist, musst du die richtige Reihenfolge der Erzählschritte beachten. Auch die Spannung sollte erhalten bleiben.

Üben

1 Lies die Geschichte des Lügenbarons Münchhausen einmal aufmerksam durch und stelle dir alles in Bildern vor.

Als ich gegen Löwe und Krokodil kämpfte

Einmal machte ich auf Ceylon eine Rast an einer schmalen Stelle zwischen einem reißenden Fluss und einem steilen Abgrund, in dem es von Schlangen nur so wimmelte. Da hörte ich plötzlich ein ungeheures Brüllen. Auf dem Weg, den ich gekommen war, kam ein Löwe auf mich zu. Er hatte es offensichtlich auf mich abgesehen.
Entsetzt rannte ich in die andere Richtung davon. Doch da kam mir ein großes Krokodil entgegen. In seinem aufgerissenen Maul sah ich seine riesigen Zähne blitzen. Ich sah keinen Ausweg mehr. Entmutigt ließ ich mich zu Boden fallen. Da hörte ich einen dumpfen Schlag. Was war passiert? Ängstlich blickte ich mich um und sah, dass der Löwe über mich hinweg geradewegs in den Rachen des Krokodils gesprungen war. Daraus kam er nicht mehr los. Das Krokodil aber erstickte an dem großen Bissen. Beide waren jetzt meine sichere Beute und mir war nicht das Geringste passiert.

Beantworte folgende Fragen in Stichworten.

Wer ist beteiligt?

....

....

Wo ereignet sich die Geschichte?

....

....

Was ist passiert?

Wie endet die Geschichte?

Üben 2 Vergleiche Annas Nacherzählung mit der Münchhausen-Geschichte. Hat sie den Sinn der Lügengeschichte erfasst? Hat sie spannend geschrieben?

Nacherzählung
Ich machte einmal eine Rast an einer engen Stelle. Auf der einen Seite war ein steiler Abhang, auf der anderen Seite ein reißender Fluss. Da kam von vorne ein Löwe und von hinten ein Krokodil. Da sprang der Löwe dem Krokodil in den Rachen. Da erstickte das Krokodil und ich war gerettet.

Meine Meinung zu Annas Nacherzählung:

Üben 3 Lies die Lügengeschichte noch einmal aufmerksam. Erzähle die Geschichte mit deinen eigenen Worten ausführlich und spannend nach. Schreibe in der Ich-Form. Vergiss nichts Wichtiges, aber erfinde nichts dazu.

Satzglieder umstellen

Wissen und Verstehen

Satzglieder kannst du umstellen, damit die Sätze und die Satzanfänge abwechslungsreicher werden.

Wir kamen heute Morgen zu spät zur Schule. Wir rannten schnell die Treppen hoch.

Heute Morgen kamen wir zu spät zur Schule. Schnell rannten wir die Treppen hoch.

Um Wiederholungen zu vermeiden, kannst du Satzglieder ersetzen.

Die Lehrerin war noch nicht da. Die Lehrerin war krank.

Sie war krank.

Üben 1

Stelle die Satzglieder um und schreibe die Aussagesätze auf.

Am Dienstag | beginnt | der Sportunterricht | um 8 Uhr.

....

....

In kleinen Gruppen | stehen | die Kinder | auf dem Pausenhof.

....

....

Üben 2

Verbessere die Sätze, indem du die Satzglieder umstellst oder ersetzt und kurze Sätze mit **und** oder **weil** verbindest.

Wir gingen gemeinsam in die Turnhalle. Wir zogen uns dort schnell um. Wir holten Bälle aus einem Schrank. Dann sollten wir mit den Bällen in einen Korb treffen. Cem zielte nicht genau. Er traf Julia am Kopf. Julia musste sich auf die Bank setzen. Sie hatte starke Kopfschmerzen. Cem entschuldigte sich bei Julia.

Kannst du eine Erzählung überarbeiten?

Am Dienstag hatten wir zusammen mit der Klasse 4b in der letzten Stunde Sportunterricht. Beim Umziehen in der Umkleidekabine stellte ich plötzlich fest, dass ich nur noch einen Sportschuh in meinem Turnbeutel hatte. Ich konnte das gar nicht glauben. Ich hatte heute Morgen beide Schuhe eingepackt. Ich suchte überall. Ich suchte in meiner Schultasche. Ich suchte unter der Sitzbank und auf dem Weg zur Turnhalle. Nirgends war mein Schuh zu finden. Da sah ich wie Jens und Silke kicherten. Sie hatten den Schuh im Mülleimer versteckt. Ich war richtig böse. Ich kam nämlich viel zu spät in den Unterricht. Das war ein schlechter Scherz.

Überlege:

- Ist die Erzählung für die Leserin oder den Leser verständlich? **S**
- Beantwortet die Einleitung kurz die Fragen: **wann? wo? wer?** **P**
- Stehen im Hauptteil die Erzählschritte in der richtigen Reihenfolge? **O**
- Ist der Höhepunkt der Geschichte genau ausgearbeitet? **L**
- Wurde die wörtliche Rede verwendet, um Äußerungen und Gedanken der Personen wiederzugeben? **E**
- Hat die Geschichte einen kurzen Schluss, der sie abrundet? **R**
- Sind die Satzanfänge abwechslungsreich? **G**
- Wurden treffende Verben, Adjektive und Nomen verwendet? **T**
- Sind kurze Sätze mit Bindewörtern zusammengefasst? **I**
- Wurden Satzglieder oder einzelne Wörter ersetzt, um Wiederholungen zu vermeiden? **X**

Beantworte die Fragen und trage auf der Trainingskarte die Buchstaben ein, die zutreffen. Wie heißt das Lösungswort? ....

Unterstreiche im Erzähltext die Stellen, die nach deiner Meinung verbessert werden sollten. Setze ein Auslassungszeichen V an der Stelle ein, an der etwas ergänzt werden muss.

Informationen sammeln

Wissen und Verstehen

Um einen Sachtext zu schreiben, musst du dich zuerst informieren.
Eine Mindmap hilft dir, die gefundenen Informationen zu sammeln und zu ordnen.
Mit abwechslungsreichen Sätzen kannst du anschließend den Sachtext aufschreiben. Da die Aussagen allgemeingültig sind, stehen die Sätze in der Gegenwart.

Üben

1 Lies den Lexikonartikel zum Stichwort **Meerschweinchen** und schau dir das Bild genau an.

Meerschweinchen vermehren sich sehr schnell. Die Weibchen bekommen mehrmals im Jahr ein bis vier Junge, die schon nach zwei Monaten selbst wieder Junge bekommen können.

Meerschweinchen
Das Meerschweinchen ist kein Schwein, sondern ein Nagetier. Es stammt aus Peru. Ursprünglich hielten sich die Indios schon vor 3 000 Jahren Meerschweinchen als Fleischlieferanten. Die Tiere werden bis zu zehn Jahre alt. Das Fell kann braun, weiß, schwarzgrau oder bunt gefleckt sein.
Für die Haltung genügt ein offener geräumiger Käfig. Meerschweinchen können daraus nicht entkommen, weil sie nicht klettern. Als Einstreu verwendet man Sägemehl oder Torf. Jeder Käfig besitzt ein kleines Schlafhaus und natürlich eine Futterschüssel. Am einfachsten kauft man fertiges Meerschweinchenfutter und legt Karotten, Kartoffeln und Salat hinzu. Die Meerschweinchen brauchen nur wenig Wasser.

Meerschweinchen-Experte

Extrarunde

Suche im Internet weitere Informationen zum Thema Meerschweinchen, zum Beispiel mit der Suchmaschine www.blinde-kuh.de.

Üben 2 Beschrifte die Mindmap. Verwende die Informationen von Seite 70.

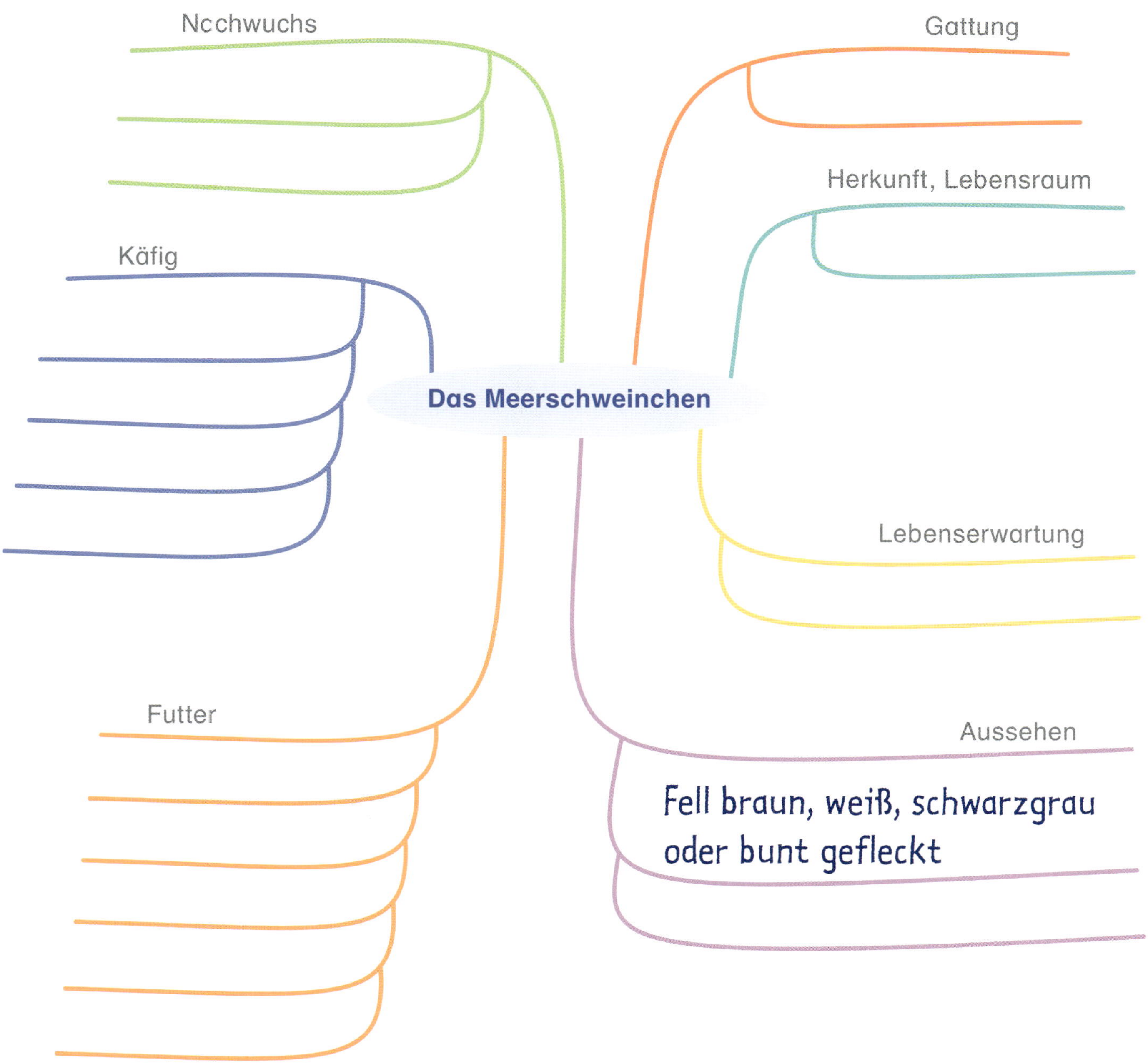

Üben 3 Schreibe einen eigenen Sachtext, in dem du über das Meerschweinchen informierst. Ergänze eigene oder ausgeschnittene Bilder.

Üben 4 Was musst du besorgen, wenn du ein Meerschweinchen halten willst? Schreibe einen Einkaufszettel.

Einen Bericht schreiben

Wissen und Verstehen

In einem Bericht werden Ereignisse sachlich und knapp dargestellt. Der Leser soll genau und in der richtigen Reihenfolge über Tatsachen informiert werden. Er möchte Antworten auf diese Fragen: **Wer? Wo? Wann? Was? Wie?** Die eigene Meinung und Gefühle gehören nicht in einen Bericht. Der Bericht wird in der 1. Vergangenheit verfasst.

Üben

1 Franzi hatte einen Fahrradunfall. Betrachte das Bild genau. Welche Informationen erhältst du? Welche Fragen kannst du schon beantworten?

Wer war am Unfall beteiligt? ....

Wo ist der Unfall passiert? ....

....

Wann ist der Unfall passiert? ....

Wie ereignete sich der Unfall? ....

....

....

....

Üben 2 Lies die Aussagen der Fahrradfahrerin und des Zeugen, die sie nach dem Unfall gemacht haben. Unterstreiche die Angaben, die für den Unfallbericht wichtig sind, und ergänze deine Antworten auf Seite 72.

Franzi: Wie immer montags bin ich um 16 Uhr aus der Ballettschule gekommen und sofort mit meinem Fahrrad nach Hause gefahren. Ich wollte mich beeilen, weil ich noch Hausaufgaben machen musste. In der Lessingstraße parken immer viele Autos auf der rechten Seite. Plötzlich hat vor mir eine Frau die Autotür aufgemacht. Ich konnte nicht ausweichen, weil mir links ein Auto entgegenkam. „Ob das noch reicht?“, habe ich gedacht und habe dann eine Vollbremsung gemacht. Aber ich bin trotzdem auf die offene Fahrertür gefahren und gestürzt. Am linken Ellenbogen habe ich eine Schürfwunde, die tut ziemlich weh.

Herr Lehr: Ich habe gesehen, wie Frau Reißer mit ihrem Auto in die Parklücke gefahren ist. Ich stand auf der anderen Straßenseite und habe ihr zugewinkt. Ich wollte zu ihr, aber da kam gerade ein Auto und ich konnte die Straße nicht überqueren. In der Zwischenzeit bog ein Mädchen auf einem Fahrrad ziemlich schnell aus der Hauptstraße in die Lessingstraße ein. Sie hatte einen roten Helm auf. Frau Reißer machte gerade die Autotür auf, als die Fahrradfahrerin an ihrem Auto vorbeifahren wollte. „Oje, das geht nicht gut! Hoffentlich passiert da nichts“, dachte ich noch. Da stürzte das Mädchen. Ich bin gleich hinübergelaufen. Es hatte sich zum Glück nur am Arm verletzt. Die Autotür hat eine Delle.

Üben 3 Schreibe mit den wichtigen Angaben einen kurzen sachlichen Bericht.

Unfall auf der Lessingstraße

Am Montag, den 7.5., passierte einige Minuten nach …

Eine Anleitung schreiben

Wissen und Verstehen

In einer Anleitung wird erklärt, wie etwas hergestellt oder zubereitet wird.
Sie kann beim Kochen, Backen und Basteln helfen.
Die einzelnen Arbeitsschritte musst du in der richtigen Reihenfolge und mit treffenden Verben und Fachausdrücken aufschreiben.
Weil der Vorgang immer gleich abläuft, wird die Anleitung in der Gegenwart geschrieben.

Üben

1 Nummeriere die sechs Arbeitsschritte zum Bau eines Fallschirms in der richtigen Reihenfolge.

Material: Plastiktüte, Wolle, 3 bis 5 Büroklammern
Werkzeug: Schere, Zirkel, Bleistift

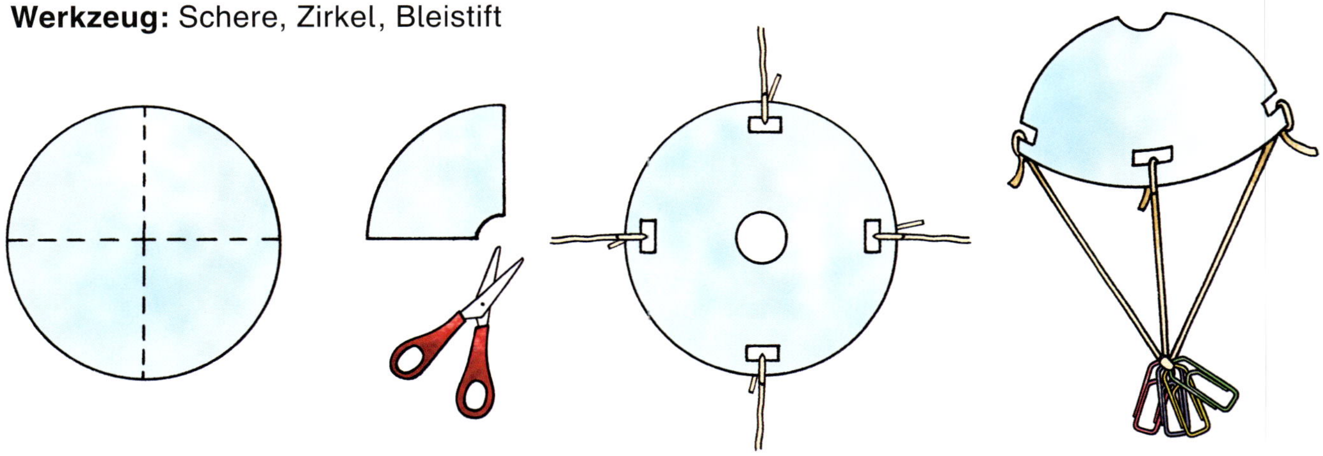

- [ ] Befestige an den 4 Knickstellen jeweils einen 25 cm langen Wollfaden.
- [ ] Schneide die Spitze ab.
- [1] Zeichne auf die Plastikfolie einen Kreis von 30 cm Durchmesser.
- [ ] Falte den Kreis zweimal, sodass ein Viertelkreis entsteht.
- [ ] Schneide den Kreis genau aus.
- [ ] Binde die 4 Wollfäden am unteren Ende zusammen und befestige am Knoten die Büroklammern.

Passende Satzanfänge auswählen

Üben 2 In dieser Vorgangsbeschreibung fehlen die Satzanfänge. Wähle passende aus und setze sie ein.

danach | anschließend | nun | zum Schluss | schließlich | zuerst

.... wird ein Kreis von 30 cm Durchmesser auf die Plastikfolie gezeichnet und ausgeschnitten.

.... wird der Kreis zweimal gefaltet, sodass ein Viertelkreis entsteht.

.... wird die Spitze abgeschnitten.

.... werden die Wollfäden mit Klebeband an den 4 Knickstellen befestigt und am unteren Ende zusammengebunden.

.... werden 3 bis 5 Büroklammern angehängt.

.... kann man den Fallschirm im Treppenhaus in die Tiefe schweben lassen.

Üben 3 Beschreibe deiner Freundin oder deinem Freund, wie man Spaghetti kocht. Verwende die Befehlsform.

Diese Informationen helfen dir:

Fülle 2 l Wasser ...

2 l Wasser in einen Topf füllen

1 Teelöffel Salz zugeben

Wasser zum Kochen bringen

Spaghetti vorsichtig in das sprudelnde Wasser legen

Spaghetti 9 – 12 Minuten kochen lassen

Nudeln in einem Sieb abschütten

ein Stück Butter dazugeben

Treffende Verben auswählen

Üben 4 Wähle treffende Verben für diese Vorgangsbeschreibung aus.
Setze sie in die Lücken ein.
Streiche die verwendeten Verben durch. Welche zwei Verben bleiben übrig?

einordnen | umsehen | machen | beachten | geben | überqueren | umkehren | vorbeilassen | abbiegen | achten | umschauen

Das Linksabbiegen mit dem Fahrrad

Beim Linksabbiegen muss ich besonders vorsichtig sein, weil ich eine Fahrbahn mit Gegenverkehr .... will. Zuerst muss ich mich .... Wenn kein Fahrzeug kommt, ... ich links Handzeichen. Anschließend .... ich mich links zur Straßenmitte ....

Ich .... die Vorfahrtsregeln und .... den Gegenverkehr .... Danach .... ich mich noch einmal .... Schließlich kann ich in weitem Bogen links .... Vor dem Weiterfahren muss ich auf Fußgänger ...., die die Straße überqueren wollen.

Kennst du die Verkehrsregeln? — Extrarunde

Wie fährst du mit dem Fahrrad an einem Lastwagen vorbei, der am rechten Straßenrand steht? Beschreibe.

Können – Bist du fit?

Kannst du Sätze erkennen, die nicht in einen Bericht gehören?

Der Schülerrat traf sich um 9.30 Uhr in der Aula.
Zwölf gewählte Klassensprecher waren stimmberechtigt.
Der Schülersprecher wurde abgewählt.
Philip tat mir so leid.
Die Ergebnisse der Abstimmung wurden an der Tafel festgehalten.
Dem Vorschlag der 3c wurde zugestimmt.
Das hätte auch anders ausgehen können.
Ein Schüler der 4a brachte einen Vorschlag zur Pausengestaltung ein.
Es wurde der Wunsch nach mehr Sportunterricht vorgetragen.
Der neu gewählte Schülersprecher sprach meiner Meinung nach viel zu leise.
Die Versammlung endete um 11 Uhr.
Ein zweites Treffen wurde am 18.4.07 festgelegt.
Schade, dass der Schülerrat so selten tagt.

Überlege:

- Werden die Leser über Tatsachen informiert?
- Sind Ereignisse knapp und sachlich dargestellt?
- Wurde auf eigene Meinungen und Gefühle verzichtet?

Streiche auf der Trainingskarte die Sätze durch, die nicht in einen Bericht gehören.

In welcher Zeitstufe wird ein Bericht geschrieben? Ergänze diesen Satz.

Ein Bericht wird in der .... geschrieben.

Texte schreiben: Briefe

Eine Einladung schreiben

Wissen und Verstehen

In einem Brief kannst du jemanden einladen, Erlebnisse erzählen, deine Meinung schreiben, dich bedanken, Glückwünsche schicken und vieles mehr.
Die wichtigen Teile eines Briefes sind der Absender, das Datum, die Anrede, der Gruß und die Unterschrift.
Die Anredepronomen **Sie**, **Ihnen**, **Ihr** müssen in Briefen großgeschrieben werden.
Die Anredepronomen **Du**, **Dir**, **Ihr**, **Euch** können groß- oder kleingeschrieben werden.

Üben 1

Lies diese Einladung und ergänze die Anredefürwörter.

Liebe Eltern,
zu unserem Abschlussfest möchten wir .... herzlich einladen.
Wir möchten mit .... am Freitag, den 6.7.2007 essen, spielen und viel Spaß haben. Wir wollen uns um 17 Uhr treffen.
Wenn .... alle etwas zu essen mitbringen, können wir ein schönes Buffet zusammenstellen. Nach dem Abendessen haben wir eine Überraschung für .... vorbereitet.
Wir freuen uns auf ....
Viele Grüße
Klasse 4c

Üben 2

Kannst du diese Fragen zum Fest der Klasse 4c beantworten?
Unterstreiche in der Einladung und kreuze an.

Was findet statt? ☐ Wer lädt ein? ☐ Wann? ☐ Wie lange? ☐ Wo? ☐

Welche Angaben fehlen? ....

Üben 3

So erzählt Mareike ihrer Oma vom Abschlussfest.

Gestern haben wir uns auf der Schulwiese zu unserem Abschlussfest getroffen. Es sind fast alle Eltern und Lehrer gekommen. Zwei Väter haben Bänke und Tische aufgestellt. Jeder hat etwas zu essen mitgebracht. Der Nudelsalat hat mir besonders gut geschmeckt. Nach dem Essen haben wir noch einen kleinen Tanz aufgeführt. Ich habe mich einmal in die falsche Richtung gedreht, aber ich glaube, das hat niemand gemerkt. Am Schluss war es etwas traurig, weil wir unsere Lehrerin verabschiedet haben. Aber es ist trotzdem ein tolles Fest gewesen.

Mareike will ihrer Brieffreundin in einer E-Mail von dem Fest berichten. Schreibe die Mail in der 1. Vergangenheit auf.

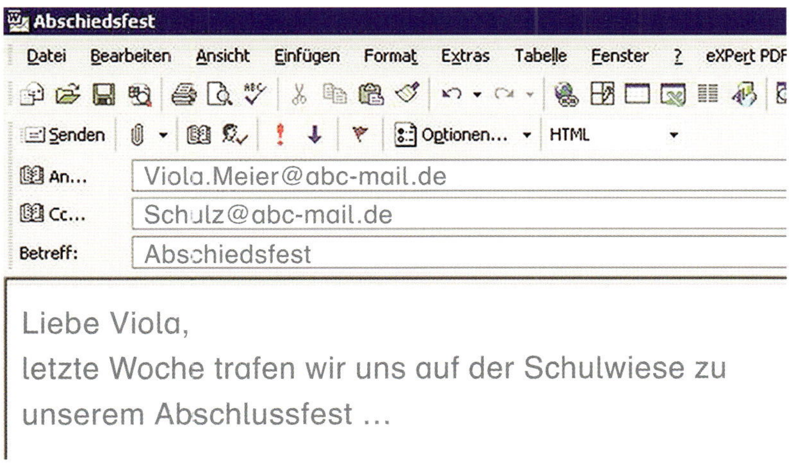
Abschiedsfest
Datei Bearbeiten Ansicht Einfügen Format Extras Tabelle Fenster ? eXPert PDF
Senden Optionen... HTML
An... Viola.Meier@abc-mail.de
Cc... Schulz@abc-mail.de
Betreff: Abschiedsfest

Liebe Viola,
letzte Woche trafen wir uns auf der Schulwiese zu unserem Abschlussfest …

Üben 4

So kann man Nachrichten verschicken. Was hast du schon ausprobiert?

Brief ☐ SMS ☐ Fax ☐ Postkarte ☐ E-Mail ☐

Kannst du mailen? Extrarunde

Wie gehst du vor, wenn du eine E-Mail verschicken willst? Beschreibe.

Einen Leserbrief schreiben

Üben 5 Eine Kinderzeitschrift möchte deine Buchempfehlung veröffentlichen. Welches Buch könntest du vorschlagen? Schreibe auch, warum du das Buch empfehlen kannst. Mache dir zuerst Notizen. Diese Fragen können dir helfen.

Welche Informationen kann ich über das Buch geben?

Titel
Autor/Autorin
Verlag, in dem das Buch erschienen ist

Was kann ich über den Inhalt schreiben?

Personen
Ort
Zeit
Handlung

Was hat mir an diesem Buch gefallen?

Wie kann ich meine Meinung begründen?

Warum kann ich das Buch empfehlen?

Üben 6 Wie müsste dein Briefkopf aussehen? Ergänze.

....
....
....
(Absender)

....
(Ort, Datum)

Sehr geehrte Redaktion,
mein Lieblingsbuch heißt ...

Buchkritik

Extrarunde

Du kannst deine Meinung über diesen Einfach-klasse-Band an den Duden-Verlag schreiben:

Bibliographisches Institut
Redaktion Kinder- und Jugendbuch
Postfach 10 03 11
68003 Mannheim

Können Bist du fit?

Kannst du einen Brief überarbeiten?

6. 3. 2007

Lieber Herr Lehmann,

Die ganze Klasse 4 findet es toll, dass wir ihren Verlag besuchen dürfen. Wir sind sehr gespannt, was sie uns über die Herstellung ihrer Tageszeitung erzählen und zeigen können.
Wir werden am Montag, den 12.3.2007, pünktlich um 15 Uhr in ihrer Redaktion sein. Besonders interessiert uns, wie die Sport-seiten entstehen und woher sie die passenden Bilder bekommen.
Wir werden ihnen aufmerksam zuhören.

Nils Bucher und die Kinder der Klasse 4 der Pestalozzischule

Überlege:

- Hat der Brief alle wichtigen Teile: **das Datum**, **die Anrede**, **einen Gruß**, **die Unterschrift**?
- Sind die Anredepronomen **Sie**, **Ihnen**, **Ihr** großgeschrieben?

Verbessere die falsch geschriebenen Anredepronomen.

Welcher wichtige Teil eines Briefes fehlt im Brief auf der Trainingskarte?
Ergänze ihn.

Tabellen und Kreisdiagramme

Wissen und Verstehen

Tabellen und Diagramme zeigen Zusammenhänge auf einen Blick. Eine Tabelle ist in Zeilen und Spalten aufgeteilt. In einem Kreisdiagramm lässt sich ablesen, wie die verschiedenen Anteile aufgeteilt sind.

Üben 1

Nicos Stundenplan aus der Klasse 4a zeigt, welche Unterrichtsfächer er hat.

Zeit	Montag	Dienstag	Mittwoch	Donnerstag	Freitag
1. Stunde	Deutsch	Mathe	Religion	Musik	Deutsch
2. Stunde	Sport	Englisch	Deutsch	Mathe	Englisch
3. Stunde	Sport	Deutsch	Deutsch	Schwimmen	Sach-unterricht
4. Stunde	Mathe	Zeichnen	Mathe	Sach-unterricht	Mathe
5. Stunde	Religion	Zeichnen	Sach-unterricht	Deutsch	Mathe

An welchen Tagen hat Nico kein Englisch? ....

Wie viele Stunden pro Woche hat er Mathe? ....

Wie oft hat er eine Doppelstunde? ....

Üben 2

Dieses Kreisdiagramm zeigt, wie viele Kinder aus Nicos Klasse Sport treiben und welche Sportarten es sind. Prüfe das Diagramm genau und beantworte die Fragen.

Welcher Sport ist in dieser Klasse am beliebtesten?

....

Welche Sportarten sind in der Klasse gleich häufig vertreten? ....

....

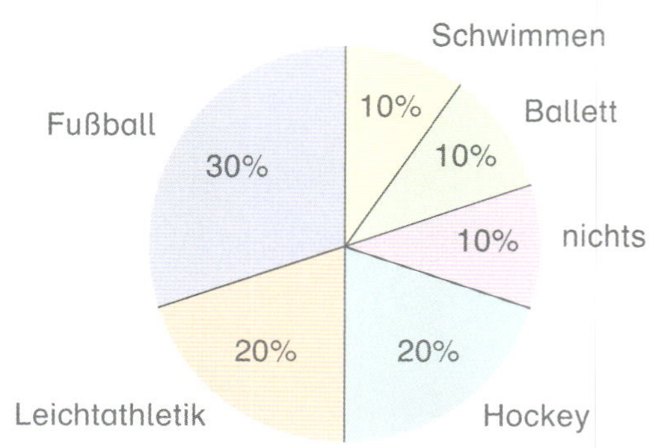

Wissen und Verstehen

In einem Säulendiagramm werden die verschiedenen Anteile als Balken oder Säulen gezeichnet. Es hat noch eine senkrechte Achse, an der man die entsprechende Menge ablesen kann.
Ein Kurvendiagramm zeigt eine Entwicklung oder Veränderung.

Üben 1

Die Sportarten der Kinder aus der Klasse 4a sind hier in einem Säulendiagramm dargestellt. Schreibe die jeweilige Sportart dazu.

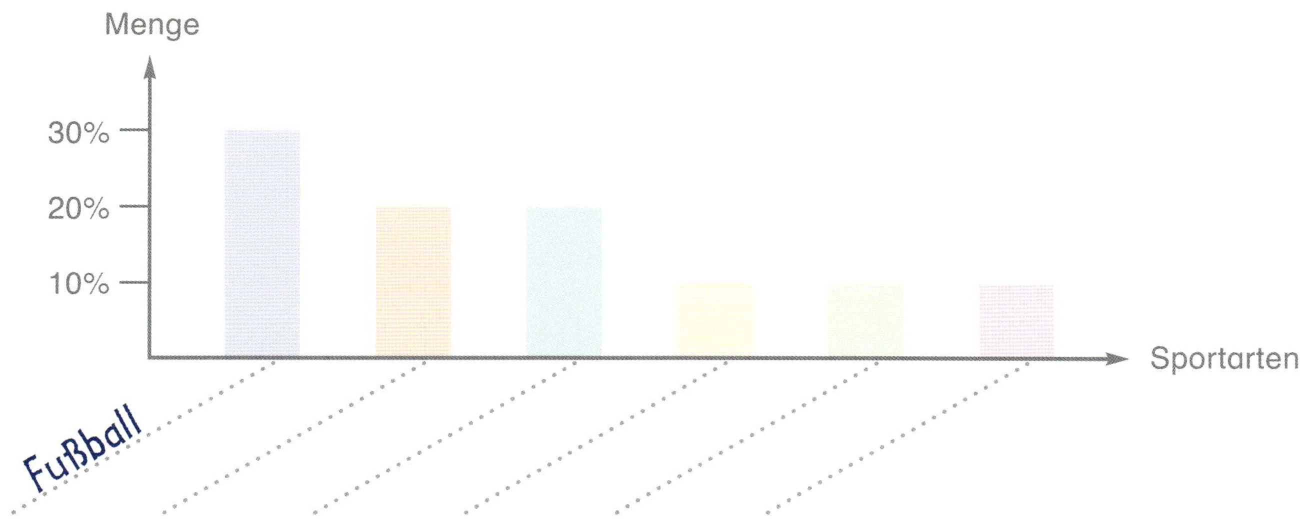

Üben 2

in diesem Kurvendiagramm wird gezeigt, wie viele Fernsehzuschauer auf der Welt bei der Fußballweltmeisterschaft die einzelnen Spiele angesehen haben. Zeichne die weitere Entwicklung für die nächsten Spiele dazu.

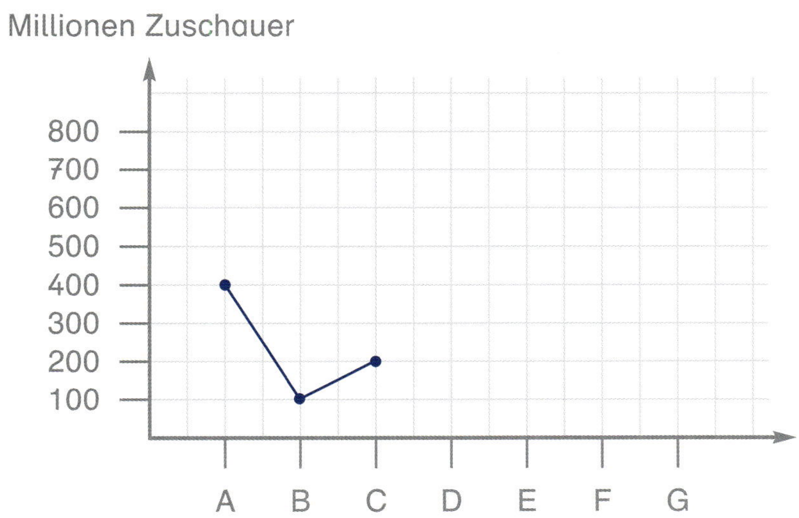

A	Eröffnungsspiel	400 Mio
B	Vorrunde	100 Mio
C	Achtelfinale	200 Mio
D	Viertelfinale	400 Mio
E	Halbfinale	500 Mio
F	Spiel um Platz 3	600 Mio
G	Endspiel	800 Mio

Wetterkarten verstehen

Wissen und Verstehen

Landkarten, Wetterkarten, Stadtpläne und Schatzkarten zeigen die Welt von oben. Die verschiedenen Zeichen werden in einer Legende erklärt. Der Maßstab zeigt an, wie stark das Bild verkleinert wurde. Die Ziffern und Buchstaben am Rand helfen, etwas zu finden.

Üben

1 Auf dieser Wetterkarte siehst du die Wettervorhersage für den 1. August. An der Seite erkennst du die verschiedenen Symbole für die Wetterarten. Sieh dir die Karte genau an und beantworte die Fragen.

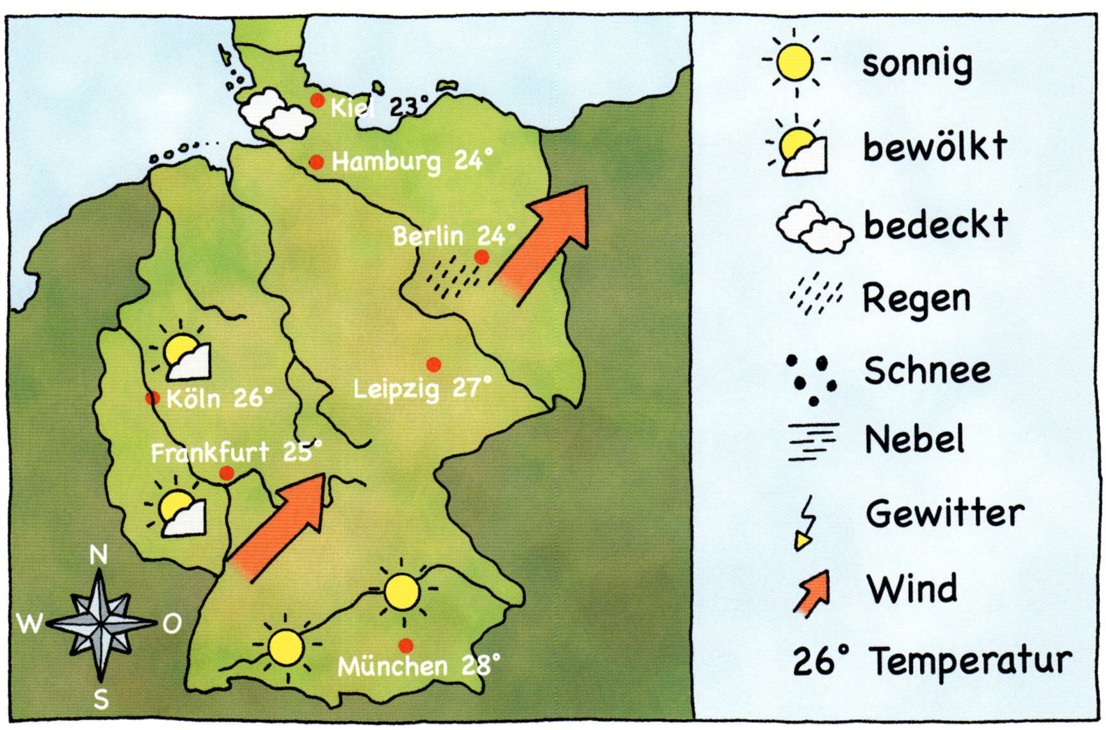

In welcher Stadt ist es heute am wärmsten? ....

Wo ist es am kältesten? ....

Braucht man in Berlin heute einen Schirm? ....

Aus welcher Richtung kommt der Wind? ....

Würdest du an diesem Tag einen Ausflug in München machen? Begründe deine Antwort.

....

Üben 2 Sieh dir den Stadtplan genau an und beantworte dann die Fragen.

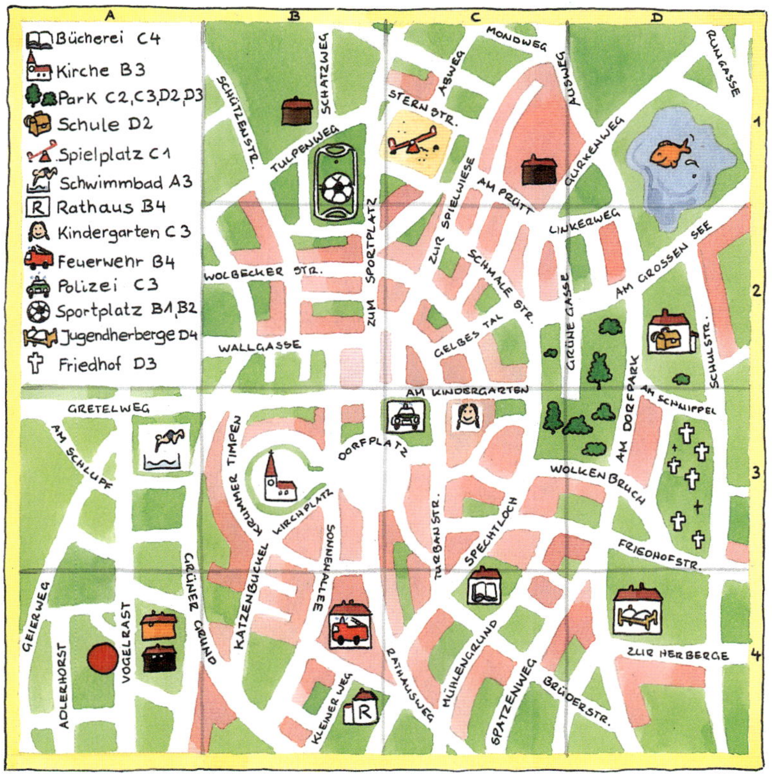

Würdest du von der Schule zum See mit dem Bus fahren? Begründe deine Antwort.

....

....

....

....

....

....

....

....

Gibt es in diesem Stadtteil einen Spielplatz?	ja	☐	nein	☐
Ist das Schwimmbad in der Nähe des Sees?	ja	☐	nein	☐
Kann man vom Kindergarten durch den Park zum See laufen?	ja	☐	nein	☐
Ist die Jugendherberge gleich bei der Kirche?	ja	☐	nein	☐
Können die Kinder von der Schule direkt in den Park gehen?	ja	☐	nein	☐
Können sie von der Schule aus den Sportplatz sehen?	ja	☐	nein	☐

Wohin führt der Weg? Extrarunde

Bestimme mit einem Partner auf einem Stadtplan einen Startpunkt. Beschreibe nun von hier aus den Weg zu einer anderen Stelle. Dein Mitspieler muss herausfinden, wo das Ziel ist. Dann wird gewechselt.

Anleitungen verstehen

Wissen und Verstehen

Eine Anleitung erklärt einen Vorgang. Sie beschreibt, was du brauchst und wie es gemacht wird. Sie hilft dir beim Basteln, Kochen oder Backen. Spiele werden in einer Spielanleitung erklärt.

Üben

Diese Anleitung zeigt dir einen Trick, mit dem du deine Freunde verblüffen kannst. Du erklärst ihnen, dass du durch ein Blatt Papier hindurchsteigen kannst. Natürlich glaubt dir keiner! Dann zeigst du allen den Trick.

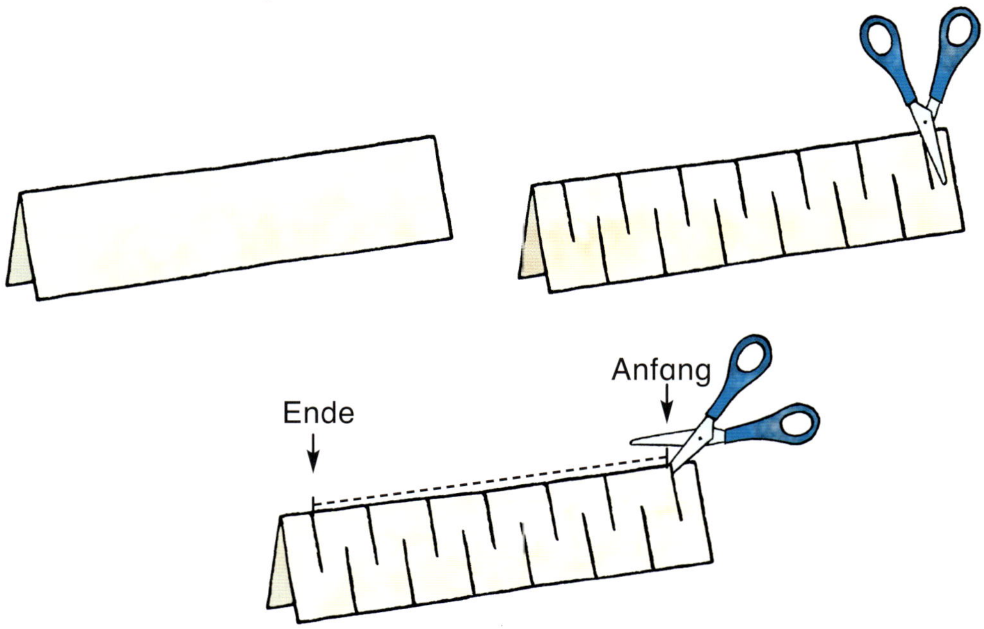

Sieh dir die Zeichnungen gut an. Lies die Anleitung und streiche in jedem Satz das falsche Wort weg.

Zuerst das Papier einmal in der Mitte falten / schneiden.

Dann abwechselnd von beiden Seiten einschneiden / einreißen.

Der erste und letzte Schnitt muss von der gefalteten / gespalteten Kante abgehen.

Lass am Ende jeweils einen Rand von 2 bis 3 m / cm.

Nun musst du alle gefalteten Kanten (außer der ersten und letzten) aufbeißen / aufschneiden.

? Kannst du dich auf einem Plan zurechtfinden?

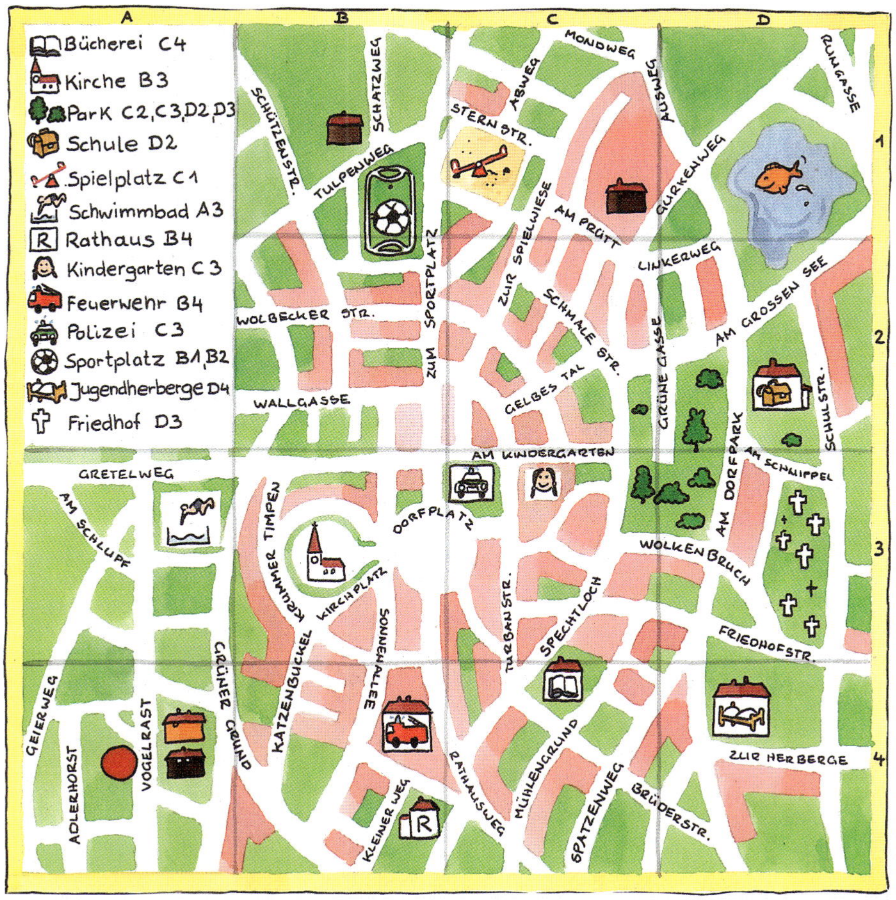

Überlege:

- Um welche Art Karte handelt es sich?
- Habe ich die Zeichen in der Legende verstanden?
- Kann ich besondere Gebäude oder andere Einzelheiten erkennen?

Lies die Wegbeschreibung und zeichne den Weg auf der Trainingskarte ein.

Geh vom Dorfplatz aus nach Norden. Biege bei der ersten Möglichkeit rechts ab. Geh geradeaus, bis es nicht mehr weitergeht, und biege links ab. An der ersten Straße geh wieder nach rechts. Nun geh in die dritte Querstraße rechts.

In welcher Straße bist du jetzt? Was befindet sich dort?

....

Wort- und Satzgrenzen erkennen

Wissen und Verstehen

Wenn du lange, schwierige oder unbekannte Wörter lesen willst, hilft es dir, die Wortteile mit Strichen abzutrennen. Vertauschte Wörter in einem Satz kannst du ordnen, wenn du den Satz als Ganzes gelesen und verstanden hast.

Üben 1

Lies jedes Wort genau und zerlege es mit Strichen in seine Teile.

Rennrad|sattel|verstellschraube
Fahrradhelmpolsterungsmaterial
Langlaufskistockhandschlaufe
Ballettanzugreißverschlussbefestigung
Schwimmbrillenglasabdichtungsgummi
Schienbeinschützerbefestigungsklettband

Üben 2

Zeichne mit Strichen die Wortgrenzen richtig ein und schreibe die Sätze noch einmal richtig auf.

ZURWE LTMEIST ERSCHAFTS INDSPORT LERA USVIE LENVER SCHIEDE NENLÄN DER NN ACHDEUT SCHLANDGE KOMMEN.

....

....

BEIDE NOLYM PISCH ENSPIEL ENKANNMA NIMMER VIEL EBEK ANNTEUN DINT ERESSAN TESPOR TART ENBEO BACHTEN.

....

....

Üben 3 In jedem Pflanzennamen ist noch ein anderes Wort versteckt: Es ist ein Tier, ein Körperteil oder ein Gegenstand. Kreise die versteckten Wörter ein und trage die Pflanzennamen dann ein. Manche Pflanzen passen zu zwei Zetteln.

Weidenkätzchen
Leberblümchen
Löwenzahn
Seifenkraut
Glockenblume
Froschlöffel
Storchschnabel
Frauenschuh
Kuckucksblume
Fingerhut
Hasenlattich
Hundsrose
Geißblatt
Besenginster
Kuhblume
Hufeisenklee
Maiglöckchen
Schafgarbe
Königskerze
Hahnenfuß
Augentrost
Gänseblümchen

Tier	Körperteil	Gegenstand
....	....	....
....	....	....
....	....	....
....	....	....
....	....	....
....	....	....
		....

Pflanzen-Bilderrätsel — Extrarunde

Kannst du die Pflanzen so zeichnen, dass dein Partner ihren Namen erraten kann?

Lesen: Genau lesen

Vertauschte Wörter ordnen

Üben 4 In jedem dieser Sätze haben zwei Wörter ihren Platz getauscht. Kreise sie ein.

Beim Weitsprung muss man darauf achten, dass man keinen langen zu Anlauf nimmt.

Beim Werfen kommt es darauf an, dass den man Ball mit großem Schwung wirft.

Beim Laufen muss man das volle Tempo zur bis Ziellinie durchhalten und dann erst abbremsen.

Üben 5 Ordne die Wörter sinnvoll. Kreuze an, welcher Satz gebildet werden kann.

Sportler | sollte | sein | ein | immer | fair | guter

- [ ] Ein Sportler sollte immer gut und fair sein.
- [ ] Ein fairer Sportler sollte auch immer gut sein.
- [ ] Ein guter Sportler sollte immer fair sein.

Training | zu | Leistungen | guten | regelmäßiges | führt

- [ ] Gutes Training führt zu guten Leistungen.
- [ ] Regelmäßiges Training führt zu guten Leistungen.
- [ ] Regelmäßiges Training erhöht gut die Leistungen.

Sport | nach | genügend | man | trinken | muss | dem

- [ ] Nach dem genügenden Trinken kann man Sport machen.
- [ ] Nach dem Trinken kann man genügend Sport machen.
- [ ] Nach dem Sport muss man genügend trinken.

Wissen und Verstehen

Beim Lesen musst du sehr genau aufpassen, um den Inhalt gut zu verstehen. Wenn du auf alles geachtet hast, findest du kleine Unterschiede zwischen den Wörtern oder Fehler im Text, zum Beispiel falsche oder nicht passende Wörter.

Üben 1

Diese Wörter sind fast gleich. Kreuze das richtige Wort an.

☐ Schulblüte
☐ Schulhüte
☐ Schultüte

☐ Gartenfisch
☐ Gartentisch
☐ Gartenmischer
☐ Gartenfischer

☐ Deckenlampe
☐ Heckenlampe
☐ Zeckenlampe
☐ Fleckenlampe

☐ Zollpullover
☐ Vollpullover
☐ Wollpullover

☐ Küchengabel
☐ Kuchengabel
☐ Kuchenschnabel

Üben 2

Diese Sätze sind fast gleich. Lies sie genau.

1 Die schnelle Fee singt am Morgen im Schnee.
2 Das helle Reh schwimmt am Abend im Klee.
3 Das tolle Reh singt am Morgen im Tee.
4 Die alte Fee schwimmt am Abend im See.
5 Das kalte Reh singt am Morgen im Klee.
6 Das schnelle Reh schwimmt am Mittag im Tee.

Schreibe auf, in welchem Satz diese Wortgruppen vorkommen.

Ein Abend im Klee: Satz ....

Ein Morgen im Tee: Satz ....

Ein schwimmendes Reh: Satz ....

Eine schnelle Fee: Satz ....

Lesen: Genau lesen

Falsche Wörter finden

Üben 3 In diese Texte haben sich Fehler eingeschlichen. Lies genau und kreise alle Wörter und Textstellen ein, die nicht stimmen.

Auf dem Schulhof

Es klingelt. Die Kinder stürmen aus den Klassenzimmern und fliegen auf den Schulhof. Nun haben sie Pause und können sich austoben. Die meisten rennen oder schlafen. Einige haben ihr Pausenbrot dabei und kleben es gemütlich. Zwei Lehrerinnen haben Aufsicht und kochen miteinander. Wenn ein Kind hinfällt und trinkt, trösten sie es.

Im Klassenzimmer

Nach der Pause kommen die Kinder wieder ins Klassenzimmer zurück. Sie packen ihre Hefte, Bücher und Steine aus dem Schulranzen aus. In der nächsten Stunde wollen die Drittklässler rechnen und die Viertklässler flattern. In der letzten Stunde des Tages singen die Kinder Lieder und hören Medizin.

Auf dem Heimweg

Wenn die Schule aus ist, können die Kinder nach Hause laufen oder schwimmen. Alle freuen sich auf das Mittagessen. Besonders gern mögen die meisten Kinder Nudeln, Gras oder Kartoffeln. Zu trinken gibt es Wasser, Saft oder Schlamm. Nach dem Essen ist es das Beste, sofort die Hausaufgaben zu machen und dann erst zu frieren.

Kannst du Fehler in einem Text finden?

Dominik geht zum Sport

Dominik packt seine Sporttasche. Es sind schon ein glitschiges Handtuch, Duschgel und eine Gabel darin. Auch seine neuen Sportschuhe und die Erdbeeren fehlen nicht. Nun legt er seine lange Sporthose und ein Lesezeichen zurecht. Auch ein frisches T-Shirt braucht er unbedingt und nach dem Sport will er ein Nachthemd und einen warmen Pullover anziehen. Seine normale Brille kann er beim Sport nicht gebrauchen, weil sie zu leicht kaputtgehen kann, deswegen hat er extra eine einbruchsichere Sportbrille. Weil er mit der Straßenbahn fährt, braucht er noch seine verwelkte Monatskarte und seinen Vogelkäfig. Seine Eltern kommen erst spät von der Arbeit nach Hause, darum nimmt Dominik auch noch sein Herz und seinen Hausschlüssel mit.

Überlege:

- Habe ich den Text gründlich gelesen?
- Habe ich alles gut verstanden?
- Habe ich kleine Fehler bemerkt?
- Habe ich falsche oder vertauschte Wörter gefunden?

Unterstreiche auf der Trainingskarte alle Wörter, die nicht zum Text passen.

Unbekannte Wörter erschließen

Wissen und Verstehen

Beim Lesen triffst du oft auf Wörter, die du nicht kennst. Du kannst die Wörter in einem Wörterbuch nachschlagen. Manchmal kannst du aber auch durch genaues Lesen die Bedeutung selbst herausfinden.

Üben

Lies die Texte langsam und genau. Überlege, was das Fantasiewort in jedem Text bedeuten soll. Du kannst wichtige Wörter unterstreichen.

Eine **Kuschumusch** findet man bei uns in jedem Haushalt. Diese Maschine ist eine praktische Hilfe bei der Hausarbeit. Schmutzige Kleidungsstücke reinigt sie schnell und gründlich.

Kuschumusch: ....

In der Schule haben viele Kinder ein **Bolsino**. Es hat einen Reißverschluss und dehnbare Vorrichtungen, in denen kleine Gegenstände befestigt werden können, zum Beispiel Bleistifte.

Bolsino: ....

Eine **Husadane** gehört zu den Gegenständen, die Kinder und Erwachsene täglich benutzen. Sie wird für einen Teil der Körperpflege gebraucht. Man verwendet sie immer zusammen mit einer cremigen Paste.

Husadane: ....

Ein **Wellonot** kann sehr nützlich, aber auch sehr störend sein. Es kann an einer Stelle in der Wohnung stehen oder überallhin mitgenommen werden. Ein Wellonot macht sich durch ein Klingelzeichen bemerkbar, wenn es benutzt werden will.

Wellonot: ....

Begriffe raten — Extrarunde

Denke dir ein Fantasiewort für einen Gegenstand aus und beschreibe ihn.
Wie lange brauchen deine Mitspieler, um den Gegenstand zu erraten?

Wissen und Verstehen

Du kannst dir die Informationen, die du aus einem Text entnimmst, leichter merken, wenn du beim Lesen die wichtigsten Wörter unterstreichst. Man nennt sie die Schlüsselwörter. Sie enthalten die wichtigen Informationen.

Üben

Lies den Text und unterstreiche die Schlüsselwörter.

In den tropischen Regenwäldern Mittelamerikas leben viele Tierarten, die uns fast unbekannt sind. Dazu gehören die Baumsteigerfrösche, die auch als Farbfrösche bezeichnet werden, weil sie sehr bunt und farbenprächtig sind. Allerdings tragen sie ihre Farbe nicht zum Schmuck, sondern als Warnung für ihre Feinde, denn sie sind äußerst giftig. Ihr Gift wird von Drüsen unter der Haut gebildet und befindet sich auf ihrer gesamten Hautoberfläche. Eine Untergruppe der Baumsteigerfrösche wird Pfeilgiftfrösche genannt, weil die Indianer in Kolumbien sie benutzt haben, um ihre Pfeile zu vergiften. Einer der gefährlichsten von ihnen ist der Phyllobates terribilis. Man brauchte den Pfeil nur über seinen Körper zu streichen und das Gift blieb über ein Jahr lang wirksam. Es war allerdings nicht ratsam, den Frosch dabei zu berühren!

Nun hast du viele Informationen und kannst die folgenden Fragen beantworten.

Wozu dient die Farbe dieser Frösche?

- ☐ um Weibchen anzulocken
- ☐ als Schmuck
- ☐ um Feinde abzuschrecken

An welchen Stellen sind die Frösche giftig?

- ☐ am ganzen Körper
- ☐ an Kopf und Rücken
- ☐ unter der Haut

Was haben die Indianer früher mit den Fröschen gemacht?

- ☐ die Farbe zum Färben benutzt
- ☐ mit dem Gift ihre Pfeile vergiftet
- ☐ mit dem Gift Feinde abgeschreckt

Text und Bild vergleichen

Wissen und Verstehen

Die Informationen, die du aus einem Text entnimmst, kannst du mit anderen Informationen aus anderen Texten oder auch mit Bildern vergleichen. So kannst du Unterschiede, aber auch Fehler finden.

Üben 1 Nora kauft ein. Sieh dir genau an, was in dem Supermarktregal steht. Kreuze in der Tabelle an, was stimmt und was nicht.

	stimmt	stimmt nicht
Im Regal befinden sich Dosen mit Tomaten.		
Nora kann den Joghurt schon sehen.		
Bei den Getränken gibt es auch Orangensaft.		
In diesem Regal findet Nora Kaffee.		
Den Zucker findet Nora neben dem Salz.		

Üben 2 Vergleiche Noras Liste mit den Einkäufen. Markiere, was noch fehlt.

3 l Milch
6 Eier
Salz
Creme
6 Äpfel
Kaffee
1 Joghurt
1 Zitrone
1 Melone
Reis
Haarshampoo

Üben 3 Lies den Lexikontext über Vulkane.

Vulkane

Die Erde besteht im Erdinneren aus Magma, das ist flüssiges Gestein mit einer Temperatur von 1000 Grad und mehr. An Stellen, an denen die Erdkruste dünn ist oder Risse hat, können sich Vulkane bilden. Dies sind besonders Stellen, an denen sich eine Platte der Erdkruste unter eine andere schiebt. Das Magma sammelt sich in einer Tiefe von 10 bis 20 km. Wenn es unter hohem Druck steht, kann es aus dem Vulkankrater herausgeschleudert werden. Nun nennt man es Lava.

Die Lava fließt an den Seiten des Vulkans herab und erstarrt zu Stein. Bei einem Vulkanausbruch werden nicht nur glutflüssige Lava, sondern auch feste und gasförmige Massen in die Luft geschleudert. Durch die heißen und oft auch giftigen Gase können Städte in Brand gesetzt oder die Menschen erstickt werden, wie beispielsweise in der Stadt Pompeji im Jahr 79, die danach von einem Ascheregen vollständig verschüttet wurde. Begleiterscheinungen sind häufig Erdbeben, Aschelawinen, manchmal auch Schlammströme und Flutwellen.

Prüfe die Aussagen und kreuze in der Tabelle an.

	falsch	richtig
Das flüssige Erdinnere heißt Lava, nicht Magma.		
Das Gestein ist mehr als 1000 Grad heiß.		
Die Lava kann hoch in die Luft geschleudert werden.		
Pompeji ist nach einem Vulkanausbruch abgebrannt.		
Flutwellen können Folgen von Vulkanausbrüchen sein.		
Vulkane bilden sich, wenn die Erdkruste besonders dick ist.		

Abschnitte zusammenfassen

Wissen und Verstehen

Um Informationen aus einem Text zu entnehmen, musst du wissen, wovon die einzelnen Abschnitte handeln. Du kannst sie mit einem oder einigen Worten zusammenfassen. So erhältst du einen Überblick über den Inhalt des Textes.

Üben

Lies den Text und unterstreiche Schlüsselwörter. Beantworte dann die Fragen.

1 Es gibt etwa 2 500 verschiedene Schlangenarten. Darunter sind Land- und Wasserbewohner, giftige und ungiftige Arten. Sie sind zwischen 10 cm und 9 m lang, haben keine Ohren und eine gespaltene Zunge.

2 Schlangen haben keine Arme und Beine, sondern bewegen sich durch schlängelnde Bewegungen fort. Die Schuppen an ihrem Bauch geben ihnen zusätzlich Halt.

3 Die verschiedenen Schlangen jagen ihre Beutetiere auf unterschiedliche Art. Einige umwickeln sie mit ihrem Körper und drücken sie zu Tode. Andere töten sie mit Gift, indem sie ihre Opfer beißen.

4 Das Gift mancher Schlangen bewirkt, dass das Blut nicht mehr fließt und das Opfer stirbt. Bei anderen bewirkt es, dass das Herz aufhört zu schlagen.

5 Einige Schlangenarten bringen lebende Junge zur Welt. Andere legen bis zu 40 Eier an einem warmen Ort ab und überlassen sie sich selbst.

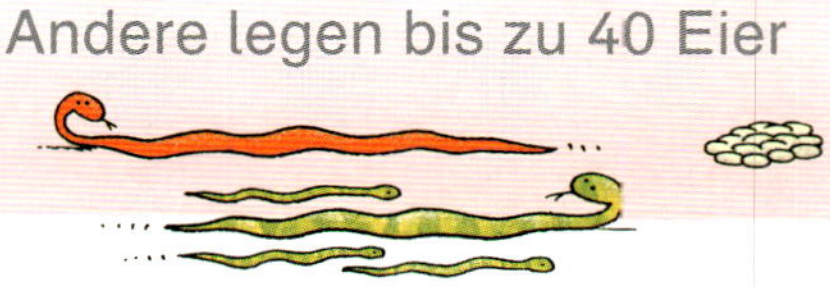

In welchem Abschnitt erfährst du etwas über ...

die Fortbewegung der Schlangen?	Abschnitt	....
die Giftwirkung mancher Schlangen?	Abschnitt	....
die Art, wie Schlangen jagen?	Abschnitt	....
Schlangenarten?	Abschnitt	....
die Fortpflanzung der Schlangen?	Abschnitt	....

Kannst du Informationen in einem Text finden?

Daniel und Karim treffen sich auf dem Heimweg vom Sport. Sie unterhalten sich über ihre beiden Sportarten, Fußball und Handball.

Daniel: Gibt es bei euch eigentlich auch Tore?

Karim: Klar, und auch einen Torwart! Nur ist unser Tor kleiner, denn normalerweise spielen wir Handball in der Halle und nicht auf dem Platz wie ihr.

Daniel: Aber ich habe euch auf dem Fußballplatz beim Training gesehen. Wir trainieren nämlich immer auf dem Platz.

Karim: Ja, wir auch, aber nur manchmal. Meistens trainieren wir in der Halle.

Daniel: Wir dürfen nur mit den Füßen spielen. Dürft ihr den Ball nur mit den Händen berühren?

Karim: Genau! Und was passiert bei euch bei einem Foul?

Daniel: Da gibt es einen Freistoß oder Elfmeter.

Karim: Statt Elfmeter gibt es bei uns Siebenmeter. Habt ihr auch Einwurf?

Daniel: Ja klar, ich wusste nicht, dass es das bei Handball auch gibt. Wie lange dauern denn eure Spiele?

Karim: Kürzer als bei euch, eine Halbzeit dauert nur 30 Minuten.

Daniel: Zeig mal euren Ball. Der ist ja viel kleiner als ein Fußball.

Karim: Ja, und leichter ist er auch.

Überlege:

- Habe ich unbekannte Wörter verstanden?
- Habe ich Schlüsselwörter unterstrichen?
- Verstehe ich den Inhalt der einzelnen Sätze und Abschnitte?
- Kann ich die Informationen zuordnen?

Unterstreiche auf der Trainingskarte alle Informationen über Fußball mit blau und über Handball mit rot.

Wissen und Verstehen

Um aus einem Text viele Informationen zu entnehmen, solltest du beim Lesen Stichwörter und Fachbegriffe markieren. Diese Schlüsselstellen helfen dir, Fragen zu einem Text zu beantworten.

Üben 1

Lies diesen Text. Unterstreiche Schlüsselwörter und wichtige Stellen.

Ein Leben als Ritter

Der 10-jährige Gottfried freut sich auf seine bevorstehende Zeit als Knappe am Hof eines befreundeten Ritters. Seit seinem 7. Geburtstag hat er auf der Burg seines Vaters in der Ausbildung zum Ritter schon große Fortschritte gemacht. Besonders das Üben mit Holzschwertern und die Reitstunden haben ihm gefallen. Nun lernt er außerhalb der Familie weiter. Gottfried hofft, dass er mit 14 Jahren einen fahrenden Ritter finden wird, der ihn auf seine Reisen mitnimmt. Das wäre ihm am liebsten.

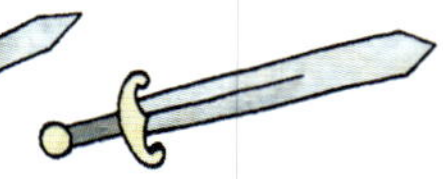

Zum Leben als Ritter um das Jahr 1200 gehörte aber nicht nur eine sehr gute Ausbildung als Kämpfer zu Pferd mit Rüstung, Schwert und Lanze, sondern auch in den ritterlichen Tugenden. Dazu gehörte der Schutz der Schwachen und der Frauen, Nächstenliebe, Mildtätigkeit und Höflichkeit sowie die Verteidigung des Christentums.

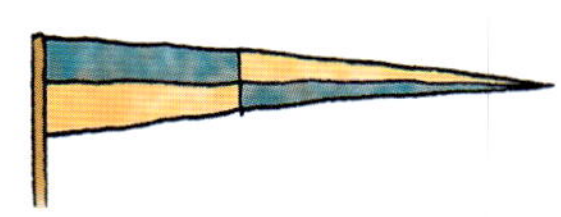

Der Ritterstand entstand etwa um das Jahr 1000. Der König brauchte Kämpfer, die zu Pferde mit Rüstung kämpfen konnten. Dazu war viel Übung erforderlich und daher konnten diese Männer nicht gleichzeitig für ihren Lebensunterhalt sorgen. So gab der König ihnen Land, sogenanntes Lehen, auf dem sich die Ritter Burgen bauen konnten. Die Bauern bewirtschafteten das Land und gaben ihrem Ritter einen Teil der Ernte ab. Dafür wurden sie von dem Ritter beschützt.

Zu Beginn dieser Zeit waren die Ritter recht gewalttätig und rücksichtslos. Manchmal bekämpften sie sich sogar gegenseitig. Erst die Mönche erfanden für sie die Friedensregeln und den Gedanken der Ritterlichkeit, der sich bis heute erhalten hat. Seine Ehre zu verlieren und als feige oder schwach zu erscheinen, war das Schlimmste, was einem Ritter passieren konnte.

Auf Turnieren traten die Ritter gegeneinander an, um ihren Mut und ihre Geschicklichkeit zu beweisen.

Ungefähr seit dem Jahr 1500 gibt es keine Ritter mehr.

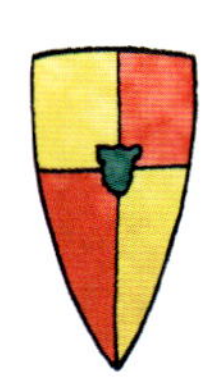

Fragen beantworten

Üben 2 Beantworte die Fragen zum Rittertext.

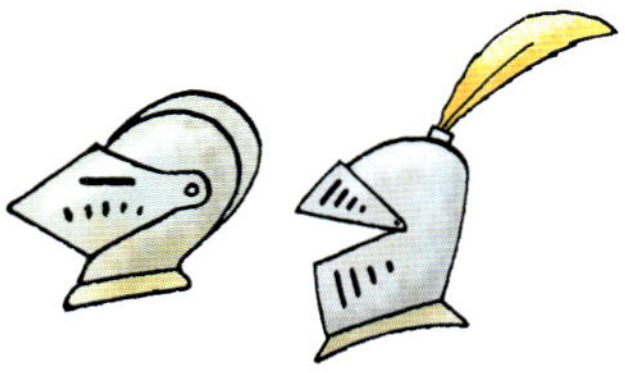

Warum kam es zur Entstehung des Ritterstandes?

....

....

Welche Aufgaben hatte ein Ritter?

....

....

Warum beschützte der Ritter die Bauern auf seinem Lehen?

....

....

Warum erfanden die Mönche für die Ritter die Friedensregeln?

....

....

Üben 3 Wie heißen die Fachbegriffe? Lies im Text nach, notiere die Fachbegriffe und die Zeile, in der sie im Text stehen.

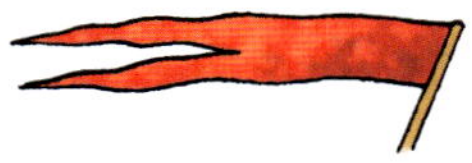

Land, das ein Ritter vom König bekam

Zeile: ....

Junge, der zum Ritter ausgebildet wird

Zeile: ....

Wettkampf zwischen Rittern

Zeile: ....

Kleidung und Waffen eines Ritters

Zeile: ....

Stichwörter herausschreiben

Üben 4 Lies den Text.

Klimawandel

Bestimmt hast du schon vom Klimawandel gehört. Manche Menschen sprechen sogar von der Klimakatastrophe. Damit ist Folgendes gemeint: Die Menschen tragen durch ihr Verhalten dazu bei, dass das Klima der Erde sich in den nächsten hundert Jahren sehr stark verändern wird. Durch Heizung und Fabriken, durch Autos und Flugzeuge gelangen Gase in die Luft, die sich in den oberen Luftschichten der Atmosphäre sammeln und dort wie ein Glasdach wirken. Die Wärme der Erde verschwindet nicht mehr im Weltraum, sondern bleibt da und wird sogar noch verstärkt.

Bis zum Jahr 2100 wird die Temperatur auf der Erde ansteigen. Die Folgen werden sehr stark sein: Die Klimazonen werden sich gegenüber heute verändern, die Wüsten weiten sich aus, das Eis am Nord- und Südpol schmilzt. Viele Gebiete an den Küsten werden dann nicht mehr bewohnbar sein und die Menschen müssen neue Städte bauen.

Wir können die Folgen dieser Entwicklung abschwächen, indem wir weniger Energie verbrauchen und Strom aus Sonnenlicht, Wind und Wasser gewinnen.

Notiere in Stichwörtern die Gründe für den Klimawandel.

Notiere auch die Folgen des Klimawandels in Stichwörtern.

Wissen und Verstehen

Wenn du dir eine eigene Meinung zu einem Text bilden oder Zusammenhänge verstehen willst, musst du dir beim Lesen vorstellen, wie die Personen sich fühlen und welche Gründe sie für ihr Handeln haben. Überlege dir auch, ob du sie verstehst und ob du genauso handeln würdest.

Üben 1

Lies die Geschichte und beantworte dann die Fragen.

Nach der Pause war Pauls Turnbeutel verschwunden. Paul und seine Freunde hatten schon im ganzen Klassenzimmer gesucht. „Frau Schmidt, mein Turnbeutel ist weg! Bestimmt wurde er geklaut!“, sagte Paul aufgeregt zu seiner Lehrerin. „Wie kommst du denn darauf, dass er geklaut wurde?“, fragte die Lehrerin. „Na, letzte Woche wurde doch auch Murats Fahrrad geklaut!“, antwortete Paul.

Frau Schmidt sah Paul ernst und nachdenklich an. „Meinst du nicht, du solltest erst mal gründlich suchen, bevor du so einen Verdacht aussprichst?“ „Wir haben doch schon überall im Klassenzimmer und auf dem Schulhof nachgesehen! Und außerdem werden doch öfter mal Turnbeutel geklaut!“, erwiderte Paul ein bisschen ärgerlich.

Da klopfte es an der Tür. Zwei Kinder aus der Klasse 2c standen draußen. „Gehört jemandem von euch dieser Turnbeutel?“, fragten sie. Frau Schmidt schaute Paul an. „Oh ja, das ist meiner! Ich dachte, er wäre geklaut! Wo war er denn nur?“, fragte Paul ganz kleinlaut. „Er lag draußen auf der Treppe vor dem Musikraum“, antworteten die Kinder aus der 2c. Paul wusste nicht, was er sagen sollte. Er fühlte sich gar nicht wohl in seiner Haut.

Warum hatte Paul diesen Verdacht? ....

....

....

Was war wirklich passiert?

....

....

Verhalten verstehen

Üben 2 Wie kam es zu dem Streit? Lies die Erklärungen der beiden Mädchen genau durch.

Als die Lehrerin nach der Pause in das Klassenzimmer kommt, herrscht große Aufregung. In der Mitte des Klassenzimmers sind Mareike und Julia, viele Kinder stehen um die beiden herum. Beide Mädchen sind wütend und Julia hat geweint. „Was ist denn hier passiert?“, fragt die Lehrerin.

Mareike: „Ich wollte in der Pause mit Annabell, Martina und Linda mit dem Springseil spielen. Julia geht uns immer hinterher, nie kann sie uns in Ruhe lassen. Sie weiß genau, dass wir allein spielen wollen, wir haben es ihr schon oft gesagt! Sie soll das endlich mal akzeptieren. Wir wollen es nicht dauernd wieder sagen.“

Julia: „Die können ja nicht einfach entscheiden, wer mitspielen darf und wer nicht. Das Springseil gehört schließlich der ganzen Klasse. Und da können auch alle mitmachen. Außerdem habe ich gestern in der Pause mit Christina und Gönül gespielt. Und Mareike denkt sowieso immer, sie wäre die Chefin, die soll sich nicht so aufspielen!“

Warum hat Mareike sich so verhalten?

- ☐ Sie will die Chefin sein.
- ☐ Sie will entscheiden können, mit wem sie spielt.
- ☐ Sie mag Julia nicht.

Warum hat Julia sich so verhalten?

- ☐ Sie will bei den anderen mitspielen.
- ☐ Sie will nicht, dass Mareike alles bestimmt.
- ☐ Sie will die Freundin von allen sein.

Wie findest du das Verhalten der beiden? Kannst du ihre Gründe verstehen? Welche Aussagen haben dich besonders überzeugt?

Bei Mareike: ....

....

Bei Julia: ....

....

Kannst du Personen und ihr Handeln in Texten richtig verstehen?

Eine wichtige Entscheidung

„Mama, ich melde mich vom Schwimmen ab!“ Irina war vom Training nach Hause gekommen. „Ich hab’s mir schon lange überlegt, ich will da nicht mehr hingehen!“ Irinas Mutter fragte überrascht: „Warum willst du denn jetzt plötzlich aufhören? Es hat dir doch immer so großen Spaß gemacht!“

Irina erzählte ihr von den anderen Mädchen, die sich oft über ihre roten Haare lustig machten. „Es ist mir einfach zu blöd, mich mit denen rumzuärgern. Und außerdem würde ich viel lieber einen Sport machen, bei dem man draußen sein kann.“ „Du hast es dir ja wirklich schon genau überlegt“, stellte die Mutter fest. „Ja, ich möchte nämlich gern mit Elsa zum Inlineskating gehen, die ist neu in unserer Klasse und ist sehr nett. Das würde mir mehr Spaß machen“, erklärte Irina. „Da muss ich nicht so viel trainieren. Meine Schwimmtrainerin hat heute gesagt, ich soll öfter kommen. Dann hätte ich ja gar keine Zeit mehr!“

Überlege:

- Wie fühlen sich die Personen im Text?
- Welche Gründe haben sie für ihr Handeln?
- Überzeugen mich diese Gründe?
- Kann ich verstehen, dass sie für jemanden wichtig sind?
- Würde ich mich genauso entscheiden?

Markiere auf der Trainingskarte alle Stellen, an denen du etwas über die Gründe für Irinas Entscheidung erfährst. Manche haben etwas mit Sport zu tun, andere nicht.

Irina hatte verschiedene Gründe, sich für einen anderen Sport zu entscheiden. Welcher hat dich am meisten überzeugt?

....

Abschlusstest

Lies zuerst den Arbeitstext. Bearbeite dann jede Testaufgabe.
Kontrolliere deine Ergebnisse im Lösungsheft.
Male zu jeder Aufgabe nach der Kontrolle die Ampel so an:

 Hier ist alles richtig.

 Ich habe noch einige Fehler gemacht.

 Das übe ich noch einmal.

Spaß beim Sport

In der Freizeit Sport zu treiben, kann sehr viel Spaß machen. Manchmal ist Sport aber auch ganz schön anstrengend.

Wir können Sport auch im Fernsehen oder Stadion anschauen. Manche Ereignisse haben Tausende von Zuschauern: die großen Motorsportrennen, die Fußballweltmeisterschaften oder die Olympischen Spiele.

Um eine Sportart gut zu beherrschen, muss man regelmäßig trainieren. Die meisten großen Sportler haben schon als Kinder mit dem Training begonnen. Aber Glück braucht man zum Gewinnen auch. Wer beim Radrennen kurz vor dem Ziel über einen Nagel fährt, dem hilft das ganze Training nichts.

Aufgabe 1 Beantworte die Fragen zum Text.

Warum treiben viele Menschen Sport? Kreuze an.

☐ weil es Spaß macht

☐ weil es gesund ist

☐ weil man andere Menschen kennenlernt

Welche großen Sportereignisse mit vielen Zuschauern werden im Text genannt?

....

....

....

Im Text wird eine Voraussetzung genannt, um einen Sport gut zu beherrschen. Welche ist es? Kreuze an.

☐ einen guten Trainer haben

☐ regelmäßig trainieren

☐ nicht rauchen

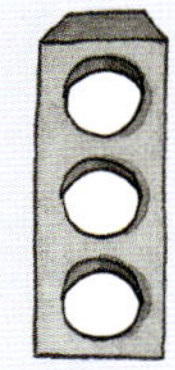

siehe Seite 95

Aufgabe 2 Verbinde die Satzteile richtig miteinander.

Wer eine Sportart gut beherrschen will,	ist aber auch sehr anstrengend.
Viele bekannte Sportler waren noch Kinder,	braucht man oft auch ein bisschen Glück.
Wenn man einen Wettkampf gewinnen will,	sondern schauen ihn nur im Fernsehen an.
Sport macht zwar Spaß,	als sie mit dem Training begonnen haben.
Manche Leute gehen selbst nicht zum Sport,	muss regelmäßig trainieren.

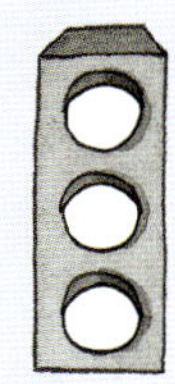

siehe Seite 65

Aufgabe 3 Markiere in jeder Zeile den Wortstamm.

dehnen die Dehnung ausdehnen dehnbar

fehlerhaft der Fehler verfehlt gefehlt fehlerfrei

er fährt er fuhr er ist gefahren er verfährt sich

er fliegt der Flieger geflogen das Flugzeug

der Gehilfe sie half geholfen hilfsbereit

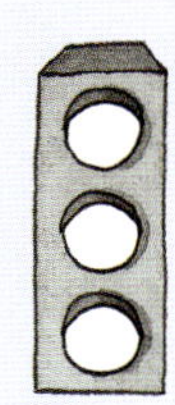

siehe Seite 16

Abschlusstest

Aufgabe 4 Zeichne die Wortgrenzen richtig ein und schreibe die Sätze noch einmal richtig auf.

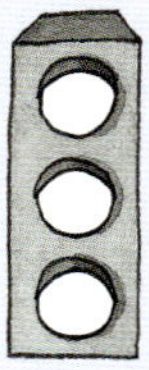

VIEL EMEN SCHENLI EBEN SPORTUN DSTRE NGEN SI CHDABE ISEH RAN.

MITH ÄUFI GEMT RAINI NGKAN NSTD UIMS PO RTG UTELE IST UNGEN ERZ IELEN.

siehe Seite 88

Aufgabe 5 In jedem Satz haben zwei Wörter ihren Platz getauscht. Kreise sie ein.

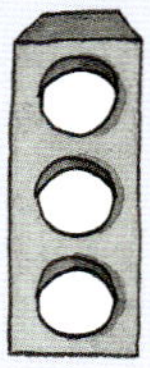

Ein guter Sportler muss allem vor regelmäßig trainieren.

Viele Menschen schauen sich die gern Sportübertragungen im Fernsehen an.

Bei Wettkämpfen man braucht auch ein bisschen Glück.

siehe Seite 90

Aufgabe 6 Lies alle Wörter. Kreuze an, welcher Satz aus den Wörtern entstehen kann.

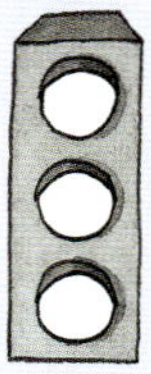

Sportsendungen oft im kann Fernsehen sehen man.

- ☐ Im Fernsehen kann man oft Sportsendungen sehen.
- ☐ Im Fernsehen kann man oft Sportsendungen anschauen.
- ☐ Im Fernsehen kommen oft Sportsendungen.

siehe Seite 90

Aufgabe 7 Unterstreiche die Nomen. Unterstreiche auch die Wörter mit dem versteckten Artikel.

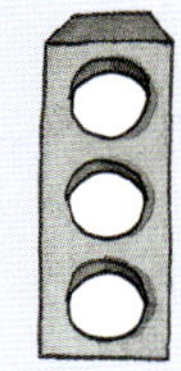

ZUM GEWINNEN BRAUCHST DU GLÜCK.

ES DARF BEIM RADRENNEN NICHTS AUF DEM WEG LIEGEN.

ICH BEKOMME DURST VOM SALZIGEN ESSEN.

siehe Seite 34

Aufgabe 8 Ergänze die fehlenden Wortbausteine.

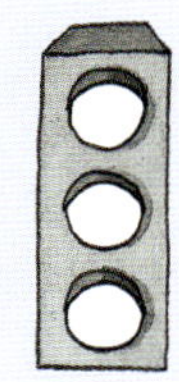

heit | nis | sal | ung | tum | keit | schaft

die Leist.......... das Ereig.......... die Mann..........

die Frei.......... die Fröhlich.......... die Begeister..........

das Eigen.......... die Send.......... das Schick..........

Wörter mit diesen Wortbausteinen sind ....

siehe Seite 32

Aufgabe 9 Lies den Satz von oben nach unten. Schreibe die jeweilige Wortart daneben.

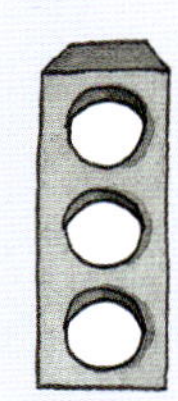

Die ....

Zuschauer ....

jubelten ....

im ....

riesengroßen ....

Stadion ....

siehe Seite 8–18

Abschlusstest

Aufgabe 10 In welcher Zeitstufe stehen die Sätze? Vergangenheit, Gegenwart oder Zukunft? Kreuze an.

	V	G	Z
Ich treibe Sport.			
Amir gewann einen Preis.			
Es wird das schönste Fußballspiel des Jahres werden.			

➲ siehe Seite 14

Aufgabe 11 Schreibe die Satzglieder auf und benenne sie.

Nele und ihr Vater gehen sonntags gerne auf den Fußballplatz.

Wer? ....

Tut was? ....

Wann? ....

Wohin? ....

Wie? ....

➲ siehe Seite 22–26

Aufgabe 12 Unterstreiche die wörtliche Rede und die Redebegleitsätze unterschiedlich. Setze die Redezeichen und Satzzeichen ein.

Timo schimpft Wer hat bloß die Nägel auf der Straße liegen lassen?

Das schaffe ich nie jammert Lissi ich habe schon jetzt keine Puste mehr.

➲ siehe Seite 48

Aufgabe 13 Wähle ein treffendes Verb aus und setze es an der passenden Stelle ein.

schimpfen schildern berichten grölen flüstern erklären

„Wir haben gewonnen!", ... die Fans.

„Unsere Mannschaft hat gestern 2:1 verloren", ... der Torwart.

Der Radioreporter .... den Spielverlauf.

Der Schiedsrichter .... die Spielregeln.

Der Trainer .... dem Spieler etwas ins Ohr.

siehe Seite 76

Aufgabe 14 In jedem Satz sind zwei Wörter falsch geschrieben. Sie sind durchgestrichen. Schreibe sie richtig in die Zeile darunter. Begründe deine Berichtigung.

Das ~~springen~~ vom ~~Beckenrant~~ ist in manchen Bädern verboten.

....

....

Mein Freund hat ~~Glük~~ und ~~gewint~~ immer.

....

....

Die Läufer ~~lauffen~~ noch mit voller Kraft in die ~~Zillinie~~.

....

....

Als Sportler ~~mus~~ man regelmäßig ~~trainiren~~.

....

....

siehe Seite 32–47

Fachbegriffe

Selbstlaut	Vokal	a, e, i, o, u
Mitlaut	Konsonant	b, c, d, f ...
Umlaut		ä, ö, ü
Doppellaut		ei, ai, au, äu, eu

Namenwort	Nomen	Übung
Begleiter	Artikel	die, eine
Einzahl	Singular	die Übung
Mehrzahl	Plural	die Übungen
(1. Fall, 2. Fall, 3. Fall, 4. Fall)		
Fürwort	Pronomen	sie, ihr
Tu(n)wort	Verb	zeigen
Grundform	Infinitiv	zeigen
Personalform		ich zeige, du zeigst ...
Gegenwart	Präsens	er zeigt
1. Vergangenheit	Präteritum, Imperfekt	er zeigte
2. Vergangenheit	Perfekt	er hat gezeigt
Zukunft	Futur	er wird zeigen
Wiewort	Adjektiv	schwierig
Umstandswort	Adverb	bald, gestern ...
Verhältniswort	Präposition	auf, an, in ...
Bindewort	Konjunktion	und, oder, obwohl ...

Satzgegenstand	Subjekt	Der Sportler
Satzkern	Prädikat	zeigt
Ergänzung im 3. Fall	Dativobjekt	dem Trainer
Ergänzung im 4. Fall	Akkusativobjekt	die Übung
Umstandsbestimmung	adverbiale Bestimmung	am Reck.